en_**focus**

L'eau
GÉRER LOCALEMENT

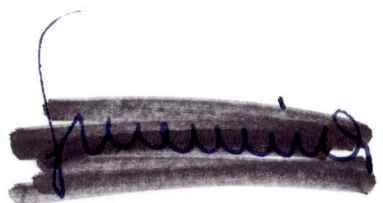

en_focus
du chercheur au décideur

Les questions d'actualité les plus pressantes qui influent sur le développement durable, voilà à quoi s'attaque la collection *En_Focus* du CRDI. Chaque fascicule distille les recherches du CRDI pour en tirer les enseignements les plus importants ainsi que les observations et les recommandations les plus pertinentes pour les décideurs et les analystes des politiques. Chacun constitue en outre un point de convergence vers un site web où le CRDI étudie ces questions plus en profondeur et présente toute l'information que souhaitent obtenir les lecteurs et internautes de divers horizons. La liste de tous les sites *En_Focus* se trouve à **www.crdi.ca/en_focus**.
On peut aussi parcourir et commander les titres de la collection à **www.idrc.ca/booktique/index_f.cfm**

Vous avez des commentaires ? Écrivez-nous à **pub@idrc.ca** .

en_focus
du chercheur au décideur

L'eau

GÉRER LOCALEMENT
par **David B. Brooks**

CENTRE DE RECHERCHES POUR LE DÉVELOPPEMENT INTERNATIONAL
Ottawa • Dakar • Le Caire • Montevideo • Nairobi • New Delhi • Singapour

Publié par le Centre de recherches pour le développement international
BP 8500, Ottawa (Ontario), Canada K1G 3H9
http://www.idrc.ca

© Centre de recherches pour le développement international 2002

**Données de catalogage avant publication de
la Bibliothèque nationale du Canada**

Brooks, David B., 1934–
L'eau : gérer localement
Publ. aussi en anglais sous le titre : Water, local-level management.

ISBN 0-88936-997-6

1. Ressources en eau — Exploitation.
2. Eau — Approvisionnement — Gestion.
3. Eau — Qualité — Gestion.
I. Centre de recherches pour le développement international (Canada)
II. Titre.

HD1691.B76 2002   333.91   C2002-980049-8

Tous droits réservés. La reproduction, le stockage ou la diffusion en tout ou en partie de cette publication, sous quelque forme ou par quelque moyen que ce soit — support électronique ou mécanique, photocopie ou autre — est interdit sans l'autorisation expresse du Centre de recherches pour le développement international. Tous les noms de spécialité mentionnés dans la présente publication ne sont donnés qu'à titre d'information et le fait qu'ils soient mentionnés ne signifie pas que le Centre les approuve. Les frontières et les noms géographiques figurant sur les cartes reproduites dans la présente publication ne doivent pas laisser croire que le Centre de recherches pour le développement international les approuve ou les accepte de quelque manière que ce soit. Afin de faciliter la lecture du texte, le masculin est utilisé dans la présente publication pour désigner à la fois les femmes et les hommes.

Les Éditions du CRDI s'appliquent à produire des publications qui respectent l'environnement. Le papier utilisé est recyclé et recyclable; l'encre et les enduits sont d'origine végétale.

Cette publication est en ligne à **www.idrc.ca/booktique/** et est complétée par un site web logé à l'adresse **www.crdi.ca/eau/**.

Table des matières

Préface — *Margaret Catley-Carlson* → **vii**

Avant-propos → **xi**

Chapitre premier. L'enjeu → **1**
La gestion des pénuries d'eau est un des défis les plus importants auxquels doivent faire face la majorité des pays du monde. Gérer localement devient plus indispensable que jamais.

Chapitre 2. Les voies de la recherche → **9**
Les recherches sur le terrain portent sur trois grandes catégories : approvisionnement en eau à petite échelle; épuration et réutilisation des eaux résiduaires; irrigation et aménagement des bassins hydrographiques.

Chapitre 3. Les résultats
Propositions pour la gouvernance et la recherche → **37**
L'examen des résultats de recherche donne des pistes pour les politiques et la recherche.

Chapitre 4. Les recommandations → **59**
Les recommandations pour l'élaboration de politiques et la poursuite des recherches, fondées sur les résultats exposés dans le troisième chapitre.

Chapitre 5. Les orientations futures → **67**
Les orientations futures susceptibles d'accélérer les progrès dans le domaine scientifique et dans la gestion locale de l'eau.

Annexes : Sources et ressources → **73**

L'éditeur → **77**

Préface

Lorsque le Centre de recherches pour le développement international (CRDI) a été créé en 1970 pour « lancer, encourager, appuyer et mener des recherches sur les problèmes des régions du monde en voie de développement », il a immédiatement tourné son attention, et une partie de son aide financière, vers la recherche sur l'eau. Les premiers projets, axés sur l'introduction de technologies — comme des pompes à main, peu coûteuses et simples à utiliser —, ont évolué vers le traitement et le contrôle de la qualité de l'eau; plus récemment, on en a encore étendu la portée pour englober la conservation et la gestion. C'est ainsi que le CRDI reconnaît, comme le souligne le rapport sommaire de *World Water Vision*, que « les pénuries d'eau résultent d'une gestion irresponsable qui entraîne pour des milliards de personnes — et l'environnement — de graves problèmes ». Il reconnaît également que les organisations et les collectivités locales, qui sont les plus directement touchées, ont un rôle capital à jouer dans la gestion efficace des ressources en eau.

Le présent ouvrage résume l'expérience du CRDI dans le domaine de la gestion de l'eau et présente des recommandations précises, soigneusement élaborées, à l'intention des décideurs, des analystes des politiques et des chercheurs. Il donne des exemples des recherches financées par le CRDI dans trois grandes catégories connexes : l'approvisionnement en eau à petite échelle; l'épuration et la réutilisation des eaux résiduaires; les systèmes d'irrigation et l'aménagement des bassins hydrographiques. Les résultats des travaux susceptibles de contribuer à l'élaboration des politiques ont fait l'objet de propositions pour la recherche et pour la gouvernance. En voici un résumé :

Pour les décideurs :

→ La recherche sur la gestion de l'eau peut avoir d'importantes conséquences pour les décideurs et les politiques.

→ Les décideurs qui rejettent les petits groupes et les petites solutions, comme cela se produit souvent, font une grave erreur.

→ Répartir les coûts et avantages de la gestion des rares ressources en eau impose des choix difficiles. Faire ces choix, et leur donner suite, exige de nouvelles capacités institutionnelles.

→ Il n'y a qu'un impératif absolu pour gérer les eaux souterraines et les aquifères : conjecturer le pire.

→ Le succès de la gestion locale de l'eau exige, et mérite, une étroite collaboration entre les collectivités et les gouvernements.

Pour les chercheurs :

→ Des recherches objectives donnent des dividendes intéressants, même si les résultats sont décevants.

→ La participation et la formation locales accroissent l'efficacité et le succès de la recherche.

- ➤ Les mises à l'échelle peuvent être source d'économies et amplifier les inégalités. Deux effets qu'il faut bien comprendre.
- ➤ Les mises à l'échelle peuvent aussi réussir, pourvu que les institutions répartissent les profits et les coûts.
- ➤ Les facteurs économiques et sociaux sont toujours importants. Quand il s'agit de gérer localement, ils sont parfois d'une importance primordiale.

Partant de ces propositions, les recommandations suivantes ont été formulées à l'intention des décideurs et des chercheurs :

- ➤ En haut, en bas et de côté : la gestion locale de l'eau doit toujours reposer sur une analyse économique des trois dimensions.
- ➤ Les politiques et la recherche ne devraient plus viser à accroître les réserves d'eau mais à gérer la demande.
- ➤ L'élaboration des politiques devrait toujours commencer par l'acceptation des coutumes et des normes culturelles comme la société les conçoit, mais ne pas les considérer sacro-saintes.
- ➤ Attention aux généralisations, mais veillez à la prompte diffusion de l'information.
- ➤ Une saine gouvernance et des recherches scientifiques de haut calibre exigent une évaluation transparente, participative et continue.
- ➤ Enfin, le livre propose des orientations futures susceptibles d'accélérer les progrès dans le domaine scientifique et dans la gestion locale de l'eau.

Une dizaine d'années environ avant la création, en 1997, du Conseil mondial de l'eau qui abordait la gestion de l'eau dans une nouvelle perspective, le CRDI avait commencé à s'intéresser de très près à la recherche participative et aux approches communautaires du développement. Il est donc tout naturel qu'un ouvrage qui veut porter la recherche sur l'eau à l'attention des décideurs et des analystes des politiques traite des moyens de gérer localement.

Le transfert des responsabilités pour véritablement gérer l'eau (pas uniquement lire les compteurs et réparer les fuites) n'ira pas sans difficultés tant les interventions unidirectionnelles, de haut en bas, qui profitent aux élites du pouvoir, sont profondément ancrées dans les moeurs politiques. Toutefois, ce transfert n'aura pas lieu s'il n'existe pas une vision qui prône que, lorsque les conditions sont réunies, la gestion qui relève des villages, des collectivités, des organisations non gouvernementales et des associations des utilisateurs d'eau est la meilleure façon non seulement d'assurer l'approvisionnement en eau, mais aussi d'en conserver la qualité et la quantité. Si cet ouvrage permet l'adoption de cette vision par le plus grand nombre, il aura atteint son objectif.

Margaret Catley-Carlson
Janvier 2002

Margaret Catley-Carlson est présidente du Partenariat mondial pour l'eau, organisme membre de la Commission mondiale de l'eau. Gouverneur du Centre de recherches pour le développement international (CRDI), elle est aussi présidente du Conseil de la population, organisation de recherche non gouvernementale et sans but lucratif créée en 1952. Avant de se joindre au Conseil, Mme Catley-Carlson a été sous-ministre à Santé et Bien-être social Canada, présidente de l'Agence canadienne de développement international et directrice exécutive adjointe, Opérations, de l'UNICEF.

Avant-propos

La gestion locale et communautaire de l'eau semble être une idée ancienne qui refait surface. Pendant trop longtemps, le rôle des populations locales a été sinon complètement oublié, du moins sous-estimé. Ce n'est pas que le monde en développement ait ignoré le problème que représentait la gestion de l'eau ou qu'il ait omis de réaliser de projets pour parer à la rareté de cette ressource.

La pénurie d'eau douce n'était que trop manifeste, et les projets de développement foisonnaient. Les gouvernements nationaux, de concert avec les organismes donateurs et les institutions financières internationales, ont construit de nouveaux systèmes d'approvisionnement de tous genres, des pompes à main aux grands barrages. Et, dans une certaine mesure, ces ouvrages techniques ont aidé. L'eau potable a été acheminée vers bon nombre de ménages et de fermes, et les capacités des institutions des secteurs officiels ou informels ont été renforcées pour faire face aux pénuries d'eau. Ce sont là des réalisations dignes de mention et que, dans l'enthousiasme renouvelé à l'égard de la décentralisation et de la gestion locale, il ne faut pas ignorer.

En dépit de ces gains, toutefois, les projets hydriques menés dans les premières décennies de l'aide au développement ont, à tout prendre, failli aux promesses originales. Il y a plusieurs raisons à cela, dont la principale est que les solutions techniques à la pénurie d'eau exigeaient des changements culturels et sociaux alors qu'il aurait fallu faire l'inverse. Ce n'est qu'au cours des dix dernières années à peu près qu'on a commencé à reconnaître que, pour réussir, les projets destinés à améliorer la quantité ou la qualité de l'approvisionnement en eau devaient non seulement être techniquement fiables et économiquement viables, mais aussi contribuer directement à réduire la pauvreté, à accroître l'autonomie des populations locales et à protéger l'environnement.

Un des premiers à appuyer la recherche pour le développement, le CRDI a, à bon droit, emboîté le pas aux autres organismes de développement et consacré une partie de son budget de programmes à des projets axés sur l'eau. Au cours des 20 premières années, la majorité des travaux a consisté en ouvrages techniques : amélioration des pompes à eau et récupération des eaux de pluie, par exemple. Peu à peu, les études ont commencé à solliciter la participation des paysans et des villageois aux équipes de recherche, et à envisager des options « communautaires ». Jusqu'au milieu des années 1990, l'accent était manifestement mis sur les aspects socioéconomique et comportemental de l'approvisionnement en eau. Aujourd'hui, les projets du CRDI portent davantage sur la gestion de la demande et le transfert de la gestion de l'eau aux paliers inférieurs de gouvernement et aux collectivités.

Le CRDI n'est pas le seul à privilégier désormais une approche davantage axée sur les institutions. Le présent rapport a entre autres pour but de faire connaître les résultats de ses recherches à d'autres donateurs et établissements de recherche. En outre, le CRDI considère que les projets à venir doivent tenir compte des enseignements tirés des travaux antérieurs. C'est précisément ce que fait cet ouvrage : il résume tout ce qu'ont permis d'apprendre 30 ans de recherches financées par le CRDI sur les possibilités et les limites de la gestion locale de l'eau. C'est aux décideurs que s'adresse avant tout la présente publication, ceux qui œuvrent au sein des organismes donateurs et des établissements de recherche, dans les organisations non gouvernementales et les organismes communautaires, les organismes des gouvernements nationaux et les administrations municipales.

Bon nombre de personnes ont contribué à la préparation de ce livre. D'abord, le personnel et les chercheurs qui depuis 30 ans collaborent aux projets du CRDI, au Canada et dans le monde en développement. Les stagiaires Sarah Wolfe et Tilly Shames ont participé à la recherche et à l'examen documentaire des dossiers du CRDI sur l'eau et m'ont aidé à retracer les projets auxquels les collectivités ont pris part avec plus ou moins de succès. Enfin, John Hay, rédacteur d'Ottawa, s'est chargé de la version originale. Lui et moi avons été en contact presque quotidiennement pendant trois mois pour mener à bien la rédaction et la révision de cet ouvrage. Je lui suis très reconnaissant de sa contribution.

La gestion locale de l'eau, et de fait d'autres formes de gestion locale des ressources naturelles, ont donné lieu à de trop nombreuses hypothèses et à trop peu d'études scientifiques rigoureuses. J'espère que cet ouvrage permettra aux décideurs d'en apprendre davantage et qu'il incitera à mener les recherches et les expériences nécessaires pour déterminer quand la gestion communautaire de l'eau peut s'avérer efficace, équitable et durable.

David B. Brooks
Janvier 2002

David B. Brooks est spécialiste des ressources naturelles auprès du Centre de recherches pour le développement international, à Ottawa (Canada). Géologue et économiste, il est aussi le fondateur du Bureau de la conservation et des énergies renouvelables (autrefois Bureau de la conservation de l'énergie), dont il a assumé la direction. David Brooks a travaillé pendant six ans avec Les Amis de la Terre, puis pendant cinq ans comme directeur de la société Marbek Resource Consultants Ltd. Ses principales recherches ont porté sur les moyens d'assurer le développement durable dans la production et l'utilisation des minéraux, de l'énergie et de l'eau. Ses plus récents ouvrages sont les suivants : *Watershed: The Role of Fresh Water in the Israeli–Palestinian Conflict* (CRDI, 1994), écrit en collaboration, ainsi que *Management of Water Demand in Africa and the Middle East* (CRDI, 1997) et *Water Balances in the Eastern Mediterranean* (CRDI, 2000), dont il a été un des directeurs de rédaction.

Chapitre premier

L'enjeu

La rareté de l'eau a des incidences sur tous les habitants de la planète — elle menace notre bien-être, met en péril notre gagne-pain et, parfois même, met notre vie en danger. Dans les pays les plus prospères, elle freine la croissance économique et diminue la qualité de vie. Déjà, dans les pays en développement — particulièrement parmi les populations pauvres — le manque d'eau potable en quantité suffisante a des conséquences dramatiques. Elle engendre des maladies, ralentit le développement, exacerbe les inégalités de revenus, limite les possibilités, et compromet la survie de sociétés tout entières. Partout dans le monde, la pénurie d'eau — et les démarches peu judicieuses entreprises pour la contrer — sont désastreuses pour le milieu naturel. Et lorsqu'elle oppose des groupes d'origine ethnique différente ou des collectivités urbaines et rurales, qu'elle devient une question de privilège ou qu'elle se produit à une frontière, la pénurie d'eau peut aggraver le risque de conflit.

Certes, les pénuries d'eau ne sont pas nouvelles dans l'histoire de l'humanité. La Bible, le Coran et d'autres textes sacrés font abondamment mention de l'eau — et des conflits qui y sont liés. Mais les pénuries actuelles et futures importent plus que jamais, et pour un plus grand nombre d'entre nous. La croissance démographique, l'industrialisation et l'urbanisation épuisent et polluent irréversiblement les lacs, les rivières et les aquifères. Les nouvelles technologies nous donnent le pouvoir de capter l'eau plus rapidement qu'elle ne peut réalimenter les nappes souterraines. Il en résulte à l'échelle planétaire des dommages environnementaux catastrophiques, inimaginables jusqu'à présent. L'intégration étant indissociable de la mondialisation, nous participons tous aux difficultés des autres, si éloignés soient-ils. (Si les Algonquins du Canada n'avaient pas à se préoccuper des sécheresses connues par l'ancienne Assyrie, l'ignorance et l'indifférence envers les malheurs qui frappent l'étranger ne sont plus possibles aujourd'hui.)

Ce sont là des réalités inéluctables. Comme le rapportait le Fonds des Nations Unies pour la population (FNUAP) en 2001, la population mondiale a triplé en 70 ans tandis que l'utilisation de l'eau a sextuplé. Au cours des 25 prochaines années, le tiers de la population mondiale, au bas mot, fera face à une grave pénurie d'eau. Aujourd'hui, l'accès à l'eau potable fait défaut à plus d'un milliard de personnes; trois milliards de personnes (la moitié des habitants de la Terre) n'ont pas accès à un réseau d'assainissement. Plus de 90 % des eaux résiduaires des pays en développement sont rejetées sans épuration dans le sol et les eaux de surface. Pour plusieurs millions de personnes, la pénurie d'eau douce est davantage une question d'insalubrité que d'insuffisance.

Ces chiffres, bien qu'ils soient alarmants, sont encore en deçà de la vérité. L'agriculture ne requiert qu'une petite partie de l'eau douce disponible; une grande partie du reste doit être conservée pour le transport, la pêche, la production d'énergie hydraulique et divers autres usages (sans compter la pérennité de l'environnement). Qui plus est, la disponibilité d'eau douce est marquée par des inégalités dramatiques. La Chine, par exemple, compte 7 % des réserves d'eau renouvelables de la planète, mais 22 % de la population mondiale. Le Canada, où vit environ 0,5 % des habitants du globe, compte 9 % des réserves d'eau. Plus de la moitié de l'eau potable de la Terre est répartie dans une dizaine de pays seulement.

L'insuffisance des ressources en eau ne cesse de s'accroître (voir la figure 1). Les régions aréiques, qui ne disposent pas de réseaux hydrographiques permanents, sont définies comme étant celles qui comptent moins de 1 000 mètres cubes d'eau douce par personne, par an. À ce niveau, il n'y a pas assez d'eau pour alimenter les populations ou soutenir le développement économique, et de graves problèmes écologiques peuvent prendre naissance. Les pays qui disposent de 1 000 à 1 700 mètres cubes d'eau par personne par année sont considérés comme des pays souffrant de stress hydrique. Le FNUAP estime qu'en 2000, 508 millions de personnes

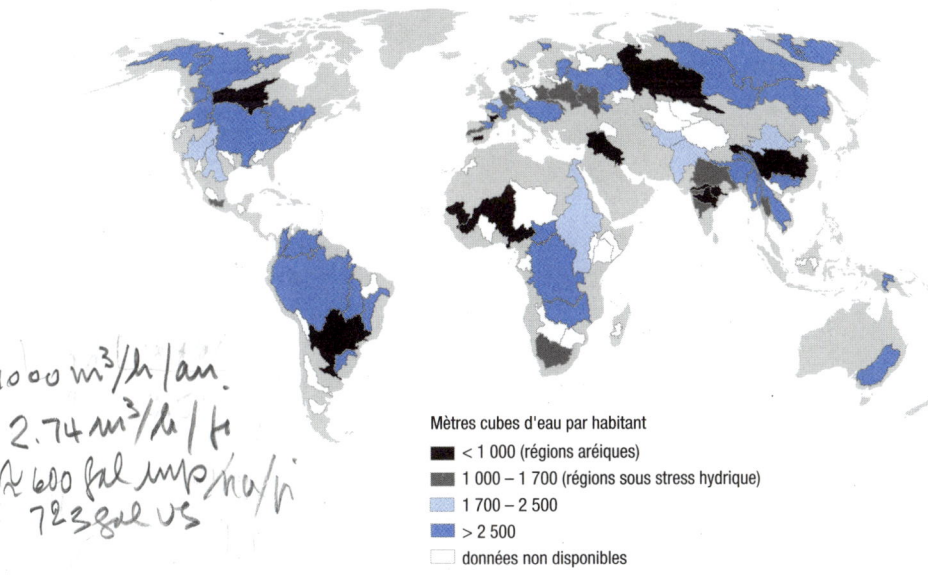

Figure 1. Disponibilité mondiale d'eau douce
(adapté de *Watersheds of the World*, Institut des ressources mondiales, 1998)

Mètres cubes d'eau par habitant
- < 1 000 (régions aréiques)
- 1 000 – 1 700 (régions sous stress hydrique)
- 1 700 – 2 500
- > 2 500
- données non disponibles

vivaient dans 31 régions aréiques ou pays souffrant de stress hydrique; en 2025, il s'agira plus vraisemblablement de 3 milliards de personnes dans 48 pays. Le nombre de personnes souffrant du manque d'eau doublera au cours des 25 prochaines années et le nombre de celles qui souffriront de stress hydrique aura sextuplé pendant la même période. Et cela se produira même si, depuis peu, la consommation mondiale d'eau s'est stabilisée et augmente à peu près au même rythme que la population.

Gérer efficacement et équitablement est, en matière de gouvernance, un des défis les plus importants auxquels nous devons faire face. Mais c'est un impératif que viennent compliquer d'autres réalités inexorables. L'eau est considérée comme une ressource renouvelable : le cycle hydrologique se répète sans cesse par l'évaporation, la condensation et le ruissellement. En pratique toutefois, les réserves d'eau douce dont dispose la planète pour la consommation humaine sont immuables alors que la demande s'accroît constamment. Dans certaines régions, les réserves sont nettement insuffisantes et diminuent de jour en jour.

Le coeur de la question, c'est que rien ne remplace l'eau. La biosphère tout entière survit autant grâce à l'eau que par un réapprovisionnement constant d'oxygène. Contrairement à d'autres ressources déjà rares ou qui s'amenuisent, l'eau ne peut être remplacée par une invention ou la découverte d'un autre produit. Nous avons besoin d'eau; et elle n'a pas de substitut.

Des réalités comme celle-ci portent en elles leurs propres conséquences, et la rareté de l'eau, comme celle de toute ressource, soulève des questions incontournables : Qui en obtient et combien ? À quel prix ? Et qui en fait les frais, le cas échéant ? Mais il y a aussi des questions plus profondes auxquelles il faut s'arrêter : Qui décide ? Par quelles procédures ? Quelle forme de gouvernance est la plus susceptible de donner lieu à des décisions justes, efficaces et respectueuses de l'environnement ?

Ce sont là des questions parmi d'autres. Considérées conjointement toutefois, elles façonnent l'économie politique de la pénurie d'eau. Elles mettent à l'épreuve notre capacité collective — comme communautés, comme pays et comme participants au système international — de concilier les intérêts divergents et les prétentions de groupes rivaux. Les réponses les plus judicieuses consistent, plus souvent qu'autrement, en l'application de la bonne technologie, dont une partie se retrouve dans le savoir ancestral et une partie s'inspire des dernières innovations technologiques et de visions toutes récentes. Ce n'est, inévitablement, que par une saine gouvernance que les questions de gestion juste, efficace et respectueuse de l'environnement pourront se résoudre. En fin de compte, gérer des ressources en eau de plus en plus limitées exige la création d'institutions ouvertes, informées, participatives et responsables.

Pourquoi gérer localement ?

Il est acquis (et fondé) de dire que, généralement, la question de la pénurie d'eau déborde les frontières communautaires et politiques; c'est un problème qui touche tous les pays de tous les continents. De fait, pour plusieurs pays, le plan d'eau est la frontière. Environ 40 % de la population mondiale vit présentement dans des bassins hydrographiques communs à plus d'un pays. Un grand nombre de pays (qu'on pense à Israël et à la Palestine) sont tributaires des mêmes aquifères surexploités. Voilà pourquoi la pénurie d'eau, lorsqu'elle est mal gérée, est si souvent cause de conflit. Voilà aussi pourquoi, plus souvent encore, les gens trouvent moyen de gérer cette eau partagée davantage par la coopération que par la guerre. Bref, la saine gestion de l'eau n'exige pas seulement que les instances nationales, régionales et internationales passent à l'action : elle les incite à le faire.

Mais les stratégies nationales et supranationales ne suffisent pas. Partout dans le monde, l'expérience prouve que la gestion locale est essentielle à l'exploitation durable de ressources en eau d'autant plus précieuses qu'elles sont rares. D'abord, dans bien des régions, les programmes de gestion, centralisés et à grande échelle, sont allés aussi loin qu'ils le pouvaient. Il n'existe plus, dans ces pays, de grands fleuves où construire des barrages; les aquifères sont épuisés; les vastes projets d'irrigation ont atteint leurs limites; même la prise de décisions est devenue une procédure lourde et déconnectée. Les grands projets d'ingénierie, qu'ils soient productifs ou non, deviennent eux aussi de plus en plus coûteux. Ils causent des dommages considérables, dans certains cas intolérables, à l'environnement. Souvent, ils provoquent une crainte et une résistance légitimes (par exemple, lorsque des mégaprojets sont imposés dans les territoires des peuples autochtones). Certes, les conflits d'envergure internationale sur l'eau sont rares, mais les antagonismes nationaux et intercommunaux ne le sont pas. Les pays ne se déclarent pas la guerre à cause de l'eau, mais des gouvernements tombent parce qu'ils n'ont pas réussi à fournir assez d'eau salubre à leurs citoyens.

La gestion communautaire des ressources naturelles, et plus précisément la gestion de l'eau, doit faire partie intégrante des vastes approches adoptées pour résoudre les problèmes de pénurie. Gérer localement permet de démocratiser et de décentraliser la prise de décisions et l'obligation de rendre compte. Bien orchestrée, la gestion locale donne aux gens (surtout aux pauvres et aux défavorisés) la possibilité de prendre part à des décisions qui façonnent leur avenir. Et elle encourage l'intégration du savoir traditionnel aux avancées scientifiques afin de favoriser une gestion efficace et équitable des ressources. Ces moyens devraient permettre que la pénurie d'eau et la dégradation de cette ressource puissent se transformer en approvisionnements durables.

Voilà pour la théorie. Qu'en est-il en pratique ?

Les pages qui suivent décrivent les enseignements déterminants tirés de 30 années de recherches appliquées, financées par le Centre de recherches pour le développement international (CRDI)

du Canada dans le cadre de partenariats formés dans tous les coins du monde en développement. Le présent rapport ne se veut pas un traité d'hydrologie ni un essai sur l'économie des ressources naturelles. Il s'agit plutôt d'un résumé succinct des résultats les plus probants, pouvant être immédiatement mis à contribution pour l'élaboration, l'application et l'évaluation de politiques locales sur l'eau. Il pourra peut-être aussi, ne serait-ce que dans une moindre mesure, inciter les instances concernées à passer à l'action.

Le livre présente d'abord une étude des recherches sur le terrain qui ont porté sur trois grandes catégories connexes : approvisionnement en eau à petite échelle; épuration et réutilisation des eaux résiduaires; systèmes d'irrigation et aménagement des bassins hydrographiques. Ensuite, sont abordés les résultats de projets qui donnent des pistes pour les politiques et la recherche. Fondées sur ces résultats, suivent des recommandations pour l'élaboration de politiques et la poursuite des recherches. Enfin, sont exposées les orientations futures susceptibles d'accélérer les progrès dans le domaine scientifique et dans la gestion locale de l'eau.

Les lecteurs constateront que deux thèmes principaux reviennent souvent dans le corps de cet ouvrage. Le premier traite de la valeur historique du savoir ancestral mis en pratique depuis des générations par des hommes et des femmes dans leur propre collectivité. Le deuxième souligne l'importance capitale d'une saine gouvernance dans la recherche sur l'eau et la mise en œuvre opportune des travaux axés sur les politiques et la gestion. Pour réussir, tant la recherche que la gouvernance exigent que l'on soit éveillé aux structures sociales, culturelles et politiques d'une collectivité — et particulièrement aux structures du pouvoir. À vrai dire, ces thèmes convergent tous deux vers un principe fondamental : les gens doivent avoir voix au chapitre dans les décisions qui influent sur leur vie.

Chapitre 2

Les voies de la recherche

Rappelons-le : les pénuries d'eau sont un phénomène local, régional et même mondial. Leurs effets néfastes sont les plus tenaces et dramatiques dans les régions arides et semi-arides où le captage et la conservation de l'eau sont des préoccupations sempiternelles impossibles à ignorer. (Environ le sixième de la population mondiale habite dans les bassins hydrographiques des régions arides et semi-arides; cela représente presque les trois quarts des populations les plus pauvres de la planète.) Aujourd'hui, toutefois, la rareté de l'eau est tout aussi dommageable pour les collectivités moins habituées à faire face aux pénuries d'eau salubre, qu'il s'agisse des hautes et froides vallées de l'Himalaya ou des favelas construites dans les collines boueuses des villes tropicales. Ces pénuries sont causées par une pluviosité insuffisante, le tarissement et la pollution des sources d'eau douce et les pressions exercées par la densité des populations urbaines — facteurs que viennent généralement aggraver la négligence et la mauvaise administration des gouvernements.

Des décennies de recherche ont révélé que les gens ont le plus vigoureusement réagi à la rareté de l'eau dans les ménages, dans les champs des paysans, dans les villages et dans les quartiers municipaux. Il s'avère souvent que des pratiques traditionnelles montrent comment gérer localement, et plus efficacement, surtout lorsqu'elles sont renforcées par des innovations technologiques. Et, presque toujours, le succès des activités de gestion et de la mise en application des résultats de la recherche est attribuable autant à des facteurs sociaux, économiques et politiques qu'à n'importe quelle technologie. S'ils sont bien informés et jouissent d'une autonomie suffisante, les gens s'efforcent sérieusement de conserver les ressources locales.

Voici donc un bref survol de trois approches de la gestion locale de l'eau, qui porte en particulier sur les résultats (et les échecs) les plus susceptibles d'améliorer les méthodes et les politiques.

1. L'approvisionnement en eau à petite échelle

Les capteurs de brouillard

Ils s'agitent doucement à la cime des montagnes côtières, ces longs et fins filets en polypropylène, scintillants de gouttelettes humides, qui transforment les brouillards en une eau précieuse pour les villages assoiffés installés à flanc de montagne, en contrebas.

Les capteurs de brouillard sont au fond une idée toute simple, mais ingénieuse : un filet à mailles fines, tendu pour recueillir, au passage des nuages portés par le vent, des vapeurs d'eau qui, une fois condensées, tombent dans des gouttières et des conduites amenant l'eau là où on en a besoin. Tout à coup, de vastes

Figure 2. Les capteurs de brouillards : une technologie sensée mais qui s'est avérée un échec dans les communautés.

étendues côtières du Chili, du Pérou, de l'Équateur et de plusieurs autres pays peuvent enfin, grâce à ces collecteurs de brumes, avoir accès à de l'eau potable.

Mise au point vers le milieu des années 1980, grâce au financement du CRDI et de l'UNESCO, la technologie du captage de l'eau des brouillards imite en fait le travail de la nature. Les arbres sont des capteurs de brouillard naturels; une forêt qui pousse dans un milieu aride peut laisser écouler sur le sol sec autant d'eau que n'en produira jamais la pluie. Et l'efficacité de la technologie a été démontrée. Au début des années 1990, un réseau local de capteurs de brouillard installé au Chili a produit près de 11 000 litres d'eau par jour — assez pour fournir quotidiennement à tous les habitants du village à proximité environ 33 litres d'eau (soit plus de deux fois la quantité d'eau transportée par camion-citerne pour laquelle ils devaient payer). Depuis, des résultats semblables ont été enregistrés dans des endroits aussi divers que l'Afrique du Sud, le Mexique, le Népal et l'Oman.

Pourtant, malgré leur fine technicité, les capteurs de brouillard n'ont pas eu autant de succès dans la pratique. Les raisons de cet échec sont instructives.

En premier lieu, les recherches subséquentes ont révélé que la production d'eau de brumes — même dans des régions arides — peut être plus coûteuse que d'autres solutions. Les coûts varient sensiblement selon la distance entre les filets (habituellement tendus le long de crêtes isolées) et le village le plus près où acheminer l'eau. Dans le cas du principal site d'essai, au Chili, le système exigeait une canalisation en PVC de 6 kilomètres.

En second lieu, les capteurs de brouillard sont fragiles et astreignants, tant sur le plan physique que social. Les filets se déchirent, les tuyaux fuient et le vent peut renverser les structures. L'entretien constant qu'ils exigent demande une nouvelle forme de gouvernance que la collectivité locale doit organiser et maintenir.

En dernier lieu (et peut-être, en partie, conséquence de ce qui précède), les capteurs de brouillard finissent par être considérés par les collectivités locales comme des sources d'eau de second ordre qui présentent de l'intérêt jusqu'à ce que les villages soient reliés à des canalisations ou à quelque autre système d'approvisionnement « moderne ». Au Chili, qui plus est, la majeure partie de l'eau de brumes n'était pas consommée pour boire mais servait à l'horticulture et à la sylviculture. Cet état de choses a été, du moins en partie, attribué aux préoccupations de la population quant à l'éventuelle contamination de l'air par les métaux lourds provenant des mines de la région.

Les résultats de cette expérience, notamment, seront évalués plus en détail dans le prochain chapitre. Le survol que nous faisons ici est suffisant pour nous permettre de tirer quatre brèves conclusions au sujet des capteurs de brouillard.

Premièrement, ils peuvent fournir de petits volumes d'eau potable lorsque d'autres solutions se révèlent inaccessibles ou inabordables. Deuxièmement, ils ne sauraient remplacer les réseaux d'aqueduc traditionnels lorsque ces systèmes sont disponibles et adéquats. Troisièmement, dans le cas à l'étude, les instances responsables n'ont pas accordé aux questions du coût, de la tarification et de l'entretien une attention à la hauteur de l'innovation technique. Quatrièmement (conclusion la plus importante parce qu'elle est typique), la recherche sur la collecte d'eau des brouillards a déjà emprunté de nouvelles avenues, inattendues, dont les retombées éventuelles seront plus considérables que ce que laissaient prévoir les premiers projets. Dans des lieux aussi différents qu'Israël, la Suède et la Tanzanie, des chercheurs ont axé leurs expériences sur la collecte de rosée, en captant l'humidité des vents nocturnes qui soufflent même dans les déserts les plus arides.

Le captage des eaux de pluie
Le captage de l'eau de pluie sur les toits existe depuis des siècles : dans les villages poussiéreux de la vallée du Jourdain, dans les hautes plaines de l'Afrique orientale, dans les rizières de l'Asie du Sud-Est et même dans les premières concessions agricoles de l'Amérique du Nord. La pratique est certes plus répandue dans les régions arides et semi-arides, mais elle est commune aussi dans les climats de mousson, où les pluies diluviennes sont saisonnières, et sur les îles où il n'y a jamais d'eau douce en abondance.

Selon les coutumes locales et les matériaux disponibles, les toits peuvent être en pente ou plats, en dur ou en chaume. Mais les véritables innovations — et les défis qu'elles posent à la recherche — ont trait au transport et à l'entreposage de l'eau. C'est là que surviennent les grandes difficultés techniques : garder l'eau propre et trouver un moyen rentable de l'emmagasiner.

Les recherches menées au Proche-Orient, en Afrique et en Asie montrent qu'il peut être malaisé de concevoir et d'entretenir des systèmes de conservation de l'eau qui soient sûrs et sains même

Figure 3. Le captage des eaux de pluie est une technologie éprouvée. Sa mise en œuvre requiert cependant une volonté communautaire et un réel soucis d'organisation.

là où le captage de l'eau sur les toits est une tradition de longue date. À tout le moins, il faut que l'eau puisse s'écouler du toit. Et, pour des raisons évidentes, il faut éloigner les oiseaux. Puis, l'eau recueillie doit être entreposée dans des conteneurs fermés ou des citernes imperméables si elle doit être consommée comme eau de boisson ou servir aux ablutions; en outre, les méthodes de retrait de l'eau des récipients de stockage doivent être aseptiques. Enfin, les citernes ou les réservoirs doivent être placés loin de tout polluant.

Néanmoins, tous ces projets confirment les immenses possibilités du captage de l'eau sur les toits. À Gaza, où il ne tombe que 400 millimètres de pluie par année, des systèmes appropriés pourraient fournir assez d'eau potable pour satisfaire indéfiniment aux besoins domestiques d'une famille de six personnes — pour boire, cuire des aliments et faire la lessive.

Les obstacles à une installation plus étendue et à une utilisation plus productive des systèmes de captage sont en partie d'ordre organisationnel et en partie d'ordre économique. La diffusion des méthodes (et de l'enthousiasme) dans les collectivités n'aura pas lieu sans démonstrations pratiques de l'efficacité et de la durabilité des systèmes. Les manuels d'instructions doivent être adaptés aux circonstances et aux attentes locales. Dans la plupart des cas, il faut mettre sur pied des programmes de formation communautaire en construction et en maintenance, souvent avec le concours des instituteurs du village. Tout cela exige une organisation continuelle.

Reste la question des coûts, en particulier celui des réservoirs. En Palestine, comme ailleurs, on a constaté que le ferrociment est le matériau le plus durable et plus simple d'entretien. Mais les frais d'installation de 200 $ US excèdent souvent la capacité de payer des ménages. Deux politiques possibles viennent à l'esprit :

1. On pourrait proposer de nouveaux mécanismes de tarification et de paiement, y compris l'octroi d'une modeste subvention qui constituerait un avantage social valable.

2. Les citernes d'entreposage pourraient être conçues de façon à servir à plusieurs familles ou tout un pâté de maisons à la fois, réduisant ainsi les coûts unitaires grâce à des économies d'échelle, quitte à prévoir un système qui assurerait une distribution équitable.

Toutes ces innovations — démonstrations, formation, financement, entretien local et partage de l'eau entreposée — demandent que soient renforcées les capacités des institutions. Heureusement, les recherches révèlent qu'en règle générale la construction et l'entretien sont facilement du ressort des populations locales; souvent, les femmes sont les premières à acquérir les compétences voulues pour protéger la salubrité et la qualité de l'eau. Dans presque tous les projets, des organisations non gouvernementales (ONG) ont pris part à la conception, à la transmission du savoir et à la construction des systèmes.

Somme toute, cette technologie est éprouvée et bien maîtrisée. Son application requiert toutefois un peu plus que l'énergie de la collectivité et la volonté de s'organiser. La nécessité de l'engagement communautaire est un autre aspect qui sera abordé dans le chapitre suivant.

La collecte d'eau d'irrigation

Le recyclage et la collecte d'eau de pluie dans les régions où elle est rare, pour irriguer les jardins, abreuver le bétail ou même pour la consommation humaine, sont des activités auxquelles se livrent les collectivités depuis des milliers d'années. La collecte d'eau dans les champs a surtout lieu dans les régions semi-arides où la perte d'eau par évapotranspiration peut être de quatre à cinq fois supérieure à la pluviosité annuelle. En règle générale, la méthode est la plus efficace là où il n'y a pas assez de pluie pour mener à bien les activités agricoles sans intervention, mais suffisamment pour garantir une production végétale au moins épisodique.

Au fil des ans, les collectivités locales ont mis au point une foule de techniques, allant de simples digues et fossés aux systèmes compliqués de tunnels souterrains qu'on trouve en Syrie — les « qanats » sont construits pour acheminer l'eau sur plusieurs kilomètres, à partir d'une source au pied des montagnes jusqu'aux champs des paysans et aux villes. Palmyre, métropole syrienne du monde antique, n'existait, comme les autres cités de la région, que grâce à sa capacité de recueillir, transporter et entreposer l'eau douce.

Trop souvent, et pour diverses raisons, ces méthodes traditionnelles de collecte d'eau ont été abandonnées ou n'ont pas réussi à répondre à la demande en hausse. Les recherches financées par le CRDI ont eu deux objectifs : découvrir si on pouvait avoir recours à ces techniques de collecte dans des endroits inhabituels ou dans des collectivités cibles; voir si on pouvait améliorer les anciennes méthodes pour couvrir de plus vastes zones ou les jumeler à de nouvelles technologies comme la télédétection et des modèles mathématiques complexes pour l'analyse des pentes et des sols, la sélection culturale et la mesure de la pluviosité.

La majorité de ces projets (en Jordanie, au Kenya, en Syrie et au Yémen) sont considérés comme des réussites (voir l'encadré 1). Certains ont révélé que les vieilles stratégies de collecte de l'eau, conjuguées à de nouvelles méthodes, pouvaient être efficaces sur des centaines d'hectares. Quelques-uns de ces projets ont démontré que la gestion intégrée des terres et de l'eau pouvait optimiser les utilisations de l'eau et protéger les sols.

Cependant, ces projets indiquent aussi que les résultats des recherches, même s'ils sont prometteurs, ne sont pas acceptés automatiquement par les agriculteurs et les ménages locaux. Des approches de moindre envergure et moins compliquées sont plus susceptibles d'être adoptées et utilisées durablement que de grands programmes de gestion intégrée des ressources.

Dans la steppe syrienne, un projet pluriannuel sur le développement intégré des ressources a produit des données fort utiles sur la lutte contre l'érosion et la conception des digues qui devraient permettre d'améliorer considérablement l'assolement et la revégétation, par exemple. Mais il révèle aussi que la modification des parcelles en vue d'améliorer la collecte de l'eau requiert d'importants investissements qui ne se matérialiseront que si des entreprises, publiques ou privées, obtiennent les crédits nécessaires. Même là, le prix obtenu pour les produits cultivés à l'aide de cette eau doit être assez élevé pour qu'elles puissent faire leurs frais. Cela suppose soit que les exploitants se spécialisent dans des cultures à fort rapport économique ou dans l'élevage de plus grands troupeaux, soit qu'ils obtiennent des subventions couvrant une partie des frais et qui tiennent compte de la valeur tant de la création d'emplois en milieu rural que de la protection de l'environnement de la steppe.

1. Faire revivre les traditions, protéger les ressources

Dans les hautes terres rocailleuses du Yémen, les cultures non irriguées ont été instaurées il y a des siècles selon un système complexe de terrasses construites de main d'homme. Ces terrasses assuraient la conservation des sols fertiles et les protégeaient de l'érosion — au prix d'un travail abrutissant. Au cours des 30 dernières années, toutefois, plusieurs de ces terrasses se sont effondrées et sont tombées en désuétude; les sols sont devenus improductifs et l'érosion s'est accélérée.

En collaboration avec le Centre international de recherche agricole dans les zones arides, des chercheurs parrainés par le CRDI se sont penchés sur les causes de cette dégradation afin que puissent être élaborées des politiques susceptibles d'aider à l'agriculture, d'améliorer la sécurité alimentaire et d'accroître le revenu des paysans. Comme c'est habituellement le cas dans ce genre d'étude, les causes se sont révélées multiples et complexes.

Le départ des hommes vers les villes où les emplois étaient mieux payés est en partie responsable de la dégradation des terrasses. Mais il y avait d'autres raisons : le manque de clarté dans la répartition des obligations des propriétaires fonciers et de leurs locataires quant à l'entretien des terres et au partage des coûts; l'inaccessibilité du crédit pour les agriculteurs voulant investir dans leurs propres installations de gestion de l'eau.

La recherche a permis de trouver de nouveaux moyens de reconstruire et d'étayer les anciennes terrasses, qui nécessitaient moins de travail et de frais. Au cours de leurs travaux, les chercheurs ont fait une découverte inattendue : les paysans qui sont revenus, parce que les perspectives d'emploi diminuaient dans les villes, se sont montrés intéressés à faire l'essai de nouvelles méthodes et de nouvelles cultures tout en reprenant les anciennes. La conservation de l'eau d'irrigation a soudainement accru la rentabilité des cultures vivrières.

Faire revivre les traditions, s'agissant de la gestion de l'eau, exige autant de créativité pour l'élaboration des politiques que d'ingéniosité technique. Mais les résultats peuvent être gratifiants — et surprenants.

On constate presque invariablement que ce genre d'analyse socioéconomique est au coeur de toute nouvelle initiative de gestion de l'eau qui se veut fructueuse. Dans le cas de la Syrie, les cultures à fort rapport économique et l'élevage de grands troupeaux profiteraient surtout à ceux qui sont déjà mieux nantis; en revanche, la subvention des bénéfices sociaux et environnementaux procurerait plus d'avantages aux familles pauvres.

Protection et réalimentation des aquifères

À proprement parler, les *aquifères* sont des couches géologiques contenant de l'eau ou qui permettent l'écoulement de quantités d'eau appréciables soit à travers le sable ou le gravier, soit à travers les pores, les strates et les fractures du substrat rocheux. (Le mot *aquifère* vient du latin, *aqua*, eau, et *ferre*, porter.) En langage ordinaire, l'aquifère désigne aussi le précieux liquide : une nappe d'eau souterraine, dont le mystère n'a pas encore été complètement percé, qui traverse lentement une formation de roches perméables pour s'écouler vers les couches les plus profondes du sous-sol. S'étendant parfois sur des milliers de kilomètres carrés et couvrant des centaines de kilomètres entre les lieux d'apport de pluie et les sources et exsurgences où elles émergent, les aquifères constituent des sources d'eau extrêmement importantes. Presque partout, toutefois, elles sont menacées par la surutilisation et la contamination.

Du Sahel à l'Amérique latine en passant par l'Indonésie, les aquifères subissent les contrecoups de la mauvaise gestion (ou de l'absence de gestion). Dans plusieurs régions, les réserves d'eau douce provenant des aquifères ont dramatiquement diminué; certaines sont complètement taries, du moins pendant les saisons sèches. En outre, la qualité des aquifères s'est dégradée, soit en raison de la salinisation qui, souvent, résulte de la réduction de la pression d'eau causée par le surpompage, soit par l'infiltration de fertilisants, de déchets chimiques et d'autres contaminants.

La perturbation des aquifères constitue une véritable crise dans bien des pays et particulièrement dans les régions urbaines de l'Amérique latine où un grand nombre de villes dépendent irrémédiablement de ces sources d'eau. (À Mexico, la nappe phréatique a baissé de 20 mètres en 50 ans seulement.) Voilà pourquoi le CRDI appuie la poursuite des recherches sur la protection des aquifères connus et le développement de nouvelles formations. À l'Université du Costa Rica, par exemple, un programme de maîtrise en ressources hydriques et en hydrogéologie, subventionné par le CRDI, favorise de nouvelles études sur la protection et la réalimentation des aquifères urbains locaux (voir l'encadré 2).

> ### 2. Renforcer les capacités pour la gestion des aquifères
>
> C'était une présentation audacieuse et qui allait peut-être valoir des millions de dollars pour les Nicaraguayens aux abois. En outre, elle prouvait que les pays en développement peuvent renforcer leurs capacités afin de mieux gérer localement.
>
> En 1997, des fonctionnaires de Managua ont conclu que l'aquifère de la ville, situé juste sous la capitale, serait épuisé avant longtemps. (Managua n'est pas la seule dans ce cas. Dans la plupart des villes de l'Amérique centrale, les nappes phréatiques s'amenuisent.) La seule solution apparemment possible, exposée dans le projet hydrique de Managua, consistait à chercher et à exploiter une nouvelle source d'eau éloignée du périmètre urbain.
>
> Mais les gens de Managua n'ont pas eu à renoncer à leur aquifère, grâce à l'analyse rigoureuse et convaincante présentée par un représentant du ministère de l'Environnement et des Ressources naturelles du Nicaragua. Il a expliqué que l'aquifère de Managua, après plus de 70 ans de pompage, contenait encore beaucoup d'eau et qu'il suffisait de le gérer efficacement et de le protéger contre la pollution.
>
> L'auteur de cette analyse a été parmi les premiers diplômés du programme de maîtrise en gestion des ressources en eau et hydrogéologie de l'Université du Costa Rica. Lancé en 1993 avec l'aide du CRDI et le concours de chercheurs canadiens, ce programme admet des étudiants des sept pays d'Amérique centrale en vue de les aider à renforcer leurs capacités de gestion de l'eau. La majorité des premiers mémoires qui ont été déposés portaient sur l'épuisement ou la dégradation de l'aquifère.
>
> La croissance démographique, l'urbanisation et l'industrialisation ont mis en péril l'approvisionnement en eau potable dont les villes de l'Amérique latine ont besoin. Seule de solides recherches et une gestion locale efficace de ces ressources menacées permettront de résoudre le problème.

Entre-temps, au Proche-Orient, des chercheurs israéliens et palestiniens, parrainés par le CRDI, travaillent ensemble à l'élaboration d'un plan de cogestion de l'aquifère de montagne qui traverse les deux territoires. Bien que le captage se fasse presque exclusivement du côté de la Cisjordanie, les points de stockage et les sources se trouvent pour la plupart en Israël. Étant donné la rapidité de son débit, il faut tout mettre en œuvre pour prévenir la propagation de la pollution de l'aquifère. Aussi les chercheurs ont-ils dû, en premier lieu, s'efforcer de réunir des données hydrologiques de base. Depuis, ils ont élaboré un modèle pour la gestion commune et durable de l'aquifère de montagne et en ont proposé la mise en oeuvre aux décideurs des deux collectivités. (Dans ces petits pays, dont la dépendance à l'égard de ressources en eau limitées est extrême, les relations entre chercheurs et décideurs sont habituellement fort étroites; en de rares cas, la même personne cumule les deux fonctions.) Toutes les simulations faites dans le cadre de ce projet ont montré l'immense avantage de la gestion commune et concertée comparativement à une exploitation distincte et concurrentielle.

Les technologies retenues diffèrent selon les cas, mais dans l'ensemble l'approche porte sur deux éléments : la protection et la réalimentation de l'aquifère. La protection suppose que l'on veille, d'une part, à ce que les taux de pompage n'excèdent pas les taux de captage et, d'autre part, à ce que les aquifères soient exempts de pollution. La réalimentation peut signifier tout simplement le creusage d'un trou ou d'une tranchée pour y recueillir l'eau pendant la saison des pluies afin d'accélérer la reconstitution des réserves d'eau dans l'aquifère. D'autres tactiques, plus compliquées, consistent à déverser, sous pression, de forts volumes d'eau dans des puits profonds, réalimentant ainsi les roches perméables afin d'en soutirer l'eau plus tard. Il va sans dire qu'il est crucial dans les deux cas de colliger les faits fondamentaux et incontestables sur l'hydrogéologie régionale et locale avant d'investir dans des techniques correctives.

Les résultats de cette recherche — autant les échecs que les réussites — sont révélateurs. Dans l'ensemble, chaque cas a donné lieu à une analyse scientifique rigoureuse de l'état de l'aquifère de même qu'à des modèles susceptibles d'en améliorer la gestion. En Amérique latine, pour reprendre un exemple typique, la recherche a montré clairement que le surpompage et la pollution menaçaient déjà la distribution d'eau en milieu urbain. Des projets ont aussi révélé que des programmes dynamiques de protection et de reconstitution des aquifères pouvaient épargner aux populations des pénuries imminentes et dangereuses. Qui plus est, les zones de fracture dans certaines roches ignées situées près des villes peuvent contenir suffisamment d'eau pour approvisionner les cités pourvu que le pompage soit géré avec diligence.

En revanche, les tentatives pour mettre en pratique ces connaissances ont été moins heureuses. Une fois de plus, des questions techniques, résolues, ont été éclipsées par des considérations socioéconomiques qui avaient à peine été abordées. Au lieu de recommander des moyens d'atténuer les dommages causés par le surpompage, par exemple, certains projets auraient mieux fait de se pencher sur les raisons sous-jacentes à cet abus. Ces raisons comprenaient, à tout le moins, les économies à réaliser en distribuant l'eau à des prix bien inférieurs au coût du captage et de l'acheminement. Il n'a pas été souvent démontré, en outre, en quoi certaines stratégies visant à assurer la protection et la réalimentation des aquifères aideraient précisément les gens pauvres, c'est-à-dire les premiers bénéficiaires désignés lors de la conception de la majorité de ces projets. Enfin, il faut dire qu'habituellement les questions socioéconomiques et d'équité (pour ce qu'elles valaient) sur lesquelles étaient axés certains projets n'étaient pas proposées par les pays en développement eux-mêmes mais par le CRDI et par des chercheurs canadiens. Voilà pourquoi la concentration récemment intensifiée sur les facteurs économiques, politiques et sociaux — comme en témoigne le programme de maîtrise offert à l'Université du Costa Rica — est un correctif apprécié. Ce qui demeure inquiétant (autre sujet abordé au prochain chapitre), c'est la réticence des décideurs à se pencher sur un problème comme l'épuisement des aquifères jusqu'à ce qu'il devienne si grave qu'il soit impossible d'y remédier.

2. Traitement et réutilisation des eaux usées

Longtemps, pour faire face aux pénuries d'eau, on a, pour des raisons évidentes, recyclé l'eau après usage. Cela pourrait vouloir dire la réutilisation, après épuration, des « eaux grises » provenant des douches et baignoires, de la lessive et de la cuisine; il s'agit aussi, mais avec beaucoup plus de précautions, du recyclage des « eaux noires » provenant des cabinets d'aisances. En certains endroits, le recyclage des eaux usées est une tradition locale franchement admise. Ailleurs, il s'agit d'une nouvelle et urgente nécessité (à laquelle d'aucuns résistent).

Les pays en développement ont adopté deux approches classiques de l'évacuation des eaux usées : soit des répliques, coûteuses, des systèmes privilégiés par les pays industrialisés, soit des variantes primitives d'égouts à ciel ouvert et de puisards. Aucune n'a donné de résultats satisfaisants. Les grandes stations d'épuration ne peuvent convenir parce que leur prix est trop élevé. En outre, elles ne profitent guère qu'aux résidents des banlieues riches des grandes villes. En revanche, à défaut d'un entretien rigoureux, les fosses et tranchées de drainage, bien qu'elles soient peu coûteuses, deviennent vite des sources nauséabondes de maladies et des viviers pour les rats et les insectes.

Pis encore, aucune de ces approches n'aborde le problème comme il le faudrait, c'est-à-dire assurer une deuxième et une troisième réutilisation de cette précieuse ressource qu'est l'eau. Les systèmes dits à passage unique ne se justifient plus, comme le reconnaît désormais le Proche-Orient, par exemple. Déjà, étant donné le tarissement des sources d'eau douce, plusieurs pays ont recours aux eaux usées épurées et recyclées pour leurs activités agricoles. Mais il est coûteux de traiter l'eau pour qu'elle satisfasse aux normes requises pour l'agriculture, surtout si elle doit servir à irriguer les cultures vivrières.

Aussi ne faut-il pas s'étonner des démarches intensives entreprises présentement afin de trouver des systèmes de recyclage des eaux usées spécialement conçus pour les pays, villages et quartiers à faible revenu. Dans chaque cas, on a pour objectif de respecter les exigences relatives à la santé publique et à l'alimentation des populations sans exercer de pressions indues sur les réserves d'eau douce déjà surexploitées. Les techniques testées ont été à la fois inventives et variées.

Ainsi, une recherche financée par le CRDI au Sénégal a porté sur la faisabilité technique et socioéconomique de l'exploitation de plantes aquatiques, comme la laitue d'eau, en vue de convertir les eaux domestiques en eau d'irrigation pour les petits jardins maraîchers; une recherche semblable, menée en Palestine, a examiné le pouvoir épurateur de la lentille d'eau. En Égypte, un autre projet a étudié la possibilité de produire de l'eau potable en traitant les eaux usées à l'aide de filtres à sable lent et de bassins de décantation. Des systèmes, peu coûteux, de fosses septiques et de conduites pour effluents liquides domestiques sous pression ont aussi fait l'objet d'essais. Au Cambodge, par contre, une zone humide artificielle a été aménagée pour Battambang (la deuxième plus grande ville du pays) et soumise à des tests d'efficacité et de productivité. Le modèle s'inspire d'un système d'une capacité suffisante pour recycler toutes les eaux usées d'une petite cité.

Avec quels résultats ?

La situation et l'expérience locales ont manifestement influé sur le succès de ces projets. Au Sénégal, la laitue d'eau s'est bien développée dans une collectivité où la mise en marché des cultures légumières a été rentable, mais pas dans une autre. (Comme il arrive fréquemment, les résultats techniques du projet ont été beaucoup mieux documentés et expliqués que les facteurs économiques et sociaux. Si cette remarque semble être une critique à l'endroit des chercheurs, elle représente également pour eux l'occasion de mieux adapter leurs travaux sur le terrain aux besoins des groupes locaux, d'une part, et des décideurs, d'autre part.)

En règle générale, le recyclage des eaux usées dans les bassins et étangs de décantation est sans danger s'il est fait correctement. Des projets au Sénégal et au Pérou, pour n'en citer que deux, n'ont démontré aucun risque pour la santé. Autant qu'on puisse l'évaluer, ce procédé ne cause pas non plus de dommage à l'environnement, bien que ses effets à long terme restent à déterminer. Les risques inhérents à la consommation de produits arrosés avec de l'eau usée recyclée, lorsqu'ils ont été mesurés, étaient négligeables. Les eaux noires présentent des dangers certains, toutefois, il a été jugé plus prudent de ne traiter que les eaux grises dans les systèmes conçus pour des villages isolés, des ménages particuliers ou de petits quartiers où on ne pouvait garantir un entretien complet. Les eaux noires n'ont été traitées que dans des systèmes de plus grande envergure. (Signalons, comme l'a révélé une étude scientifique, que la loi islamique n'interdit pas l'utilisation de l'eau recyclée pourvu que les eaux usées soient convenablement traitées au préalable. Les eaux usées recyclées sont utilisées sans problème en Arabie saoudite.)

L'entretien adéquat de ces systèmes peut, autant que leur conception originale, être garant de la réussite de leur fonctionnement. On a considéré que la zone humide artificielle créée au Cambodge et les systèmes d'épuration à l'aide de la lentille d'eau dont on a fait l'essai en Palestine étaient « embêtants » et nécessitaient beaucoup trop d'entretien. En revanche, les petits systèmes d'épuration des eaux grises ont fonctionné relativement sans peine et ont été gérés facilement avec un minimum de formation.

Quant à l'aspect économique des projets, les équipes de recherche ont généralement conclu que ces systèmes éminemment perfectionnés se justifient sans doute parce qu'ils sont rentables sur le plan social (compte tenu de la santé humaine, de la productivité et d'autres facteurs), mais il ne sera probablement pas possible d'en imputer le coût au chapitre des profits et pertes. La vente d'eau traitée par ces systèmes pourra peut-être couvrir les frais d'exploitation, mais non les frais d'investissement. En outre, ces systèmes accaparent une bonne partie des terrains urbains, qui sont dispendieux. Dans le cas des petits systèmes destinés aux ménages et aux villages, en revanche, les revenus provenant de la vente des produits cultivés dans les jardins privés suffisent habituellement à susciter la participation des résidants de la localité; par ailleurs, les systèmes d'épuration des eaux grises permettent de réaliser de nouvelles économies en réduisant la fréquence et le coût du pompage des fosses septiques — suffisamment parfois pour rembourser la totalité des coûts de recyclage, avant même de tenir compte du revenu additionnel provenant des jardins maraîchers.

La réaction locale à l'idée du traitement et de la réutilisation des eaux usées a été très positive. Et le renforcement des capacités qui en a découlé a été bénéfique à deux égards. Tout d'abord, ces projets, généralement de petite envergure, suscitent la participation des villageois pour la construction, l'utilisation, la formation et la gestion. Ensuite, les autorités et les ONG locales étant habituellement chargées de l'exécution de ces projets, elles acquièrent de l'expérience non seulement dans la gestion des installations, mais aussi dans des domaines comme les méthodes de recherche, l'exploitation, la santé publique et l'analyse financière.

La sexospécificité a également été un élément au coeur de ces activités et accueilli avec satisfaction dans nombre de pays. En Afrique de l'Ouest et au Proche-Orient, en particulier, des femmes ont joué un rôle de premier plan dans les finances, l'exploitation et la gestion tant des usines de traitement que des jardins maraîchers créés parallèlement. Cela traduit bien à quel point est disproportionnée la tâche d'aller chercher et de transporter l'eau qui incombe aux femmes d'un grand nombre de villages.

On peut dire, néanmoins, que la participation locale est une condition nécessaire mais non suffisante du succès durable des programmes de recyclage des eaux usées. Les recherches complémentaires qui ont été menées révèlent que, pour être efficaces à long terme, les projets qui visent plus que les ménages locaux ont besoin de l'appui constant des gouvernements. (Malheureusement — mais le fait est éloquent — l'usine créée pour le traitement des eaux d'une ville entière a dû fermer ses portes après que le financement du CRDI eut pris fin.) Si la participation du gouvernement est nécessaire en pareil cas c'est sur le plan économique et institutionnel, et non technique. Plus les installations sont vastes et coûteuses, plus la contribution du gouvernement devra être importante. Dans les grands systèmes, il faut prendre des arrangements précis pour la répartition des coûts et des revenus. Il peut aussi être nécessaire d'offrir des incitations (ou même de forcer l'exécution des directives) pour obtenir la collaboration de ceux qui ont l'habitude d'éliminer leurs eaux usées sans payer, que ce soit dans leurs champs ou dans des tuyaux d'évacuation insalubres. Enfin, les gouvernements peuvent être appelés à réformer les codes du bâtiment ou les règles d'utilisation du sol (en particulier dans les villes et leurs environs) afin d'autoriser et de favoriser le recyclage des eaux usées. Lorsque toutes ces conditions sont réunies, le traitement et la réutilisation des eaux usées peuvent grandement aider à lutter contre les pénuries d'eau à l'échelle locale.

3. Irrigation et gestion des bassins hydrographiques

Étonnamment, il faut presque 100 fois autant d'eau pour les cultures vivrières que pour l'approvisionnement en eau potable. Partout dans le monde, l'irrigation représente les deux tiers de toute l'eau douce utilisée par les humains, et les terres irriguées produisent environ 40 % de toute la nourriture que nous consommons. C'est dire comme l'irrigation est vitale à notre survie.

Ces seuls faits suffiraient à faire valoir la nécessité de gérer soigneusement l'eau d'irrigation, qu'elle soit recueillie en surface ou pompée dans le sous-sol. Pourtant, d'autres facteurs expliquent pourquoi l'irrigation — et, de façon plus générale, la gestion des bassins hydrographiques — exige que l'on trouve de nouvelles manières, plus judicieuses, de gérer localement. Premièrement, la somme des terres irriguées, par personne, diminue. Non seulement la croissance démographique devance-t-elle l'expansion de l'irrigation, mais de vastes régions de terres agricoles sont soustraites à l'irrigation pour éviter la salinité et la contamination ou en raison de la prolifération urbaine. Deuxièmement, d'énormes volumes d'eau d'irrigation, très coûteuse, sont gaspillés. Dans les pays en développement, au moins 75 % de l'eau dérivée ou pompée pour l'irrigation est perdue par suite de l'évaporation, de fuites, de l'infiltration ou simplement de mauvaise gestion. Troisièmement, la majeure partie de l'eau qui s'écoule dans les systèmes d'irrigation sert à diverses fins. Un canal d'irrigation, par exemple, peut être utilisé pour la pisciculture, laver des animaux ou du linge, éliminer des déchets et parfois (bien que ce soit déconseillé) comme source d'eau potable. La conservation de l'eau d'irrigation pour ces autres usages contribue à la productivité et à la santé publique.

Améliorer la gestion des bassins hydrographiques et l'irrigation soulève d'épineuses questions d'équité et d'efficacité ainsi que des problèmes techniques d'hydrologie et d'agronomie. Les grands projets d'irrigation et le pompage onéreux des aquifères et des nappes souterraines exigent habituellement d'importants investissements, ce qui favorise ceux qui ont de l'argent. Les fermiers pauvres, les collectivités éloignées et les minorités autochtones auront sans doute à faire face à des obstacles particuliers s'ils veulent avoir voix au chapitre dans de telles décisions de gestion — et partager les profits. Certaines de ces questions sont apparues dans la recherche qui porte sur la gestion locale des eaux de surface, des eaux souterraines et de l'utilisation combinée des eaux souterraines et de surface.

Il est aussi d'autres questions qui requièrent des recherches de plus grande envergure. Des gains appréciables peuvent être réalisés grâce à la consommation d'eau des cultures pour l'agriculture pluviale et on peut accroître de beaucoup l'efficience d'utilisation de l'eau en s'adonnant à la culture irriguée. Des mesures prises à cet égard ne réduiraient pas seulement le besoin d'eau d'appoint pour les cultures vivrières, mais augmenteraient en outre la portée de la gestion locale.

La gestion de l'eau de surface

Les recherches sur l'eau de surface financées par le CRDI ont surtout été centrées — cela se comprend — sur les régions arides et semi-arides où la pénurie d'eau freine le développement et où les gains, sur le plan des revenus comme de la qualité de vie, dépendent de l'efficacité des systèmes d'irrigation. Dans plusieurs de ces régions, l'eau sert à de multiples usages tant pour répondre aux besoins de l'agriculture qu'à ceux des ménages. Aussi les projets portent-ils généralement à la fois sur l'eau et sur la gestion des sols, et bon nombre d'entre eux ont étudié, dans une perspective microéconomique, comment les familles faisaient face aux incessantes pénuries d'eau.

Certaines des recherches les plus remarquables ont été menées en Égypte. Dans le cadre d'un projet, les chercheurs ont évalué la possibilité d'améliorer le rendement de l'irrigation en s'appuyant sur le savoir local (voir l'encadré 3). Un autre, qui s'est déroulé dans l'implacable désert du Nord-Ouest égyptien, visait à améliorer la vie des Bédouins en accroissant la production agricole sans nuire à l'écosystème, déjà fragile. Il s'agissait d'une étude de la dynamique biophysique et humaine qui caractérise la vie dans les *wadis* (oueds) de l'Afrique du Nord (les Arabes appellent *wadis* les lits de cours d'eau qui se remplissent et revivent brièvement à l'occasion des pluies torrentielles qui tombent de temps en temps dans cette région). Le projet a donné lieu à une inhabituelle interaction entre une technologie de pointe et un savoir local éprouvé de longue date : un système informatique

3. Améliorer l'irrigation du désert

En Égypte, où la pluviosité atteint à peine 3 millimètres par année et où les populations ne cessent de s'accroître, l'amélioration de l'irrigation des cultures vivrières est une question de vie ou de mort. La perte d'eau d'irrigation n'est pas seulement ruineuse, elle peut épuiser le sol à force de salinisation, d'engorgement et de pollution. Cela veut dire que de précieuses devises doivent être consacrées à l'importation d'aliments.

Grâce au financement du CRDI, des chercheurs universitaires au Caire ont étudié la possibilité d'accroître l'efficacité de l'irrigation en se fondant sur les pratiques culturales des paysans de la région. L'équipe de recherche a confirmé que l'agriculture, à l'ouest du Nil, avait épuisé tout le potentiel de durabilité des eaux souterraines locales. Une heureuse découverte a toutefois été faite : une irrigation appropriée permettrait de diminuer le rythme du forage des puits et d'assurer la reconstitution des nappes phréatiques.

Les chercheurs ont aussi constaté que, dans une large mesure, les méthodes d'irrigation étaient fonction de la participation des agriculteurs au choix et au fonctionnement des systèmes d'irrigation. Une étude ultérieure a porté sur les nouvelles associations d'utilisateurs d'eau (AUE). Celles-ci ont été créées afin que les cultivateurs puissent influer plus directement sur les politiques d'irrigation et d'approvisionnement en eau et pour aider les agents de vulgarisation à diffuser l'information voulue pour améliorer l'efficacité des systèmes.

Les premiers résultats sont prometteurs. Les litiges sont moins nombreux et le rendement des terres des paysans membres des AUE est de 50 % supérieur à celui des terres des non membres. Les femmes aussi indiquent que leur participation aux AUE leur facilite la tâche. Pourtant, ces associations renforcent les structures traditionnelles du pouvoir : les agriculteurs les plus riches sont ceux qui en profitent le plus. Malgré ces résultats discutables, le projet aura au moins clarifié qu'il n'est possible d'améliorer l'irrigation que grâce à la collaboration des agriculteurs et des connaissances pratiques tirées de leur travail quotidien de la terre.

intégrant les coutumes des Bédouins à des données sur les sciences de la vie, un inventaire des ressources, des statistiques sur la production de biomasse et les incidences environnementales afin de déterminer les meilleures pratiques de gestion.

Les résultats de la recherche ont été à la fois éclairants et troublants. Bien des questions sont apparues sous un jour nouveau : l'approvisionnement d'eau de surface, la configuration des pluies, les conditions propices à l'érosion et les nouvelles approches pouvant permettre aux systèmes d'irrigation de répondre aux besoins des Bédouins et de leurs troupeaux qui se sédentarisent de plus en plus. Toutefois, la recherche a confirmé également que la sécheresse qui sévissait dans cette région limitait sérieusement la productivité et que la croissance démographique aggravait les pénuries d'eau. Le projet a réaffirmé en outre l'importance capitale des facteurs socioéconomiques pour appliquer avec succès les innovations en matière de gestion de l'eau. Dans ce cas-ci également, accroître l'efficacité des systèmes — en vue d'améliorer le bien-être des gens — soulèvera des questions d'ordre politique quant à l'acceptation et à la participation de la population.

Dans l'ensemble, les projets de gestion locale des eaux de surface indiquent qu'il est possible d'accroître la productivité du sol et des eaux dans les régions arides en ayant recours à de meilleures techniques, à une formation plus poussée et à l'application de nouvelles technologies conjuguées à l'expérience des gens de la localité. Au Pérou, par exemple, des chercheurs ont appliqué des modèles mathématiques à l'ancienne pratique inca qui consiste à irriguer les arbres au moyen de pots perméables, partiellement enfouis dans le sol et qui peuvent être remplis d'eau captée (sans doute la première expérience d'irrigation goutte-à-goutte au monde). Ce projet visait à trouver de nouveaux matériaux, perméables et bon marché, et les meilleures méthodes pour relier les pots à l'aide de tuyaux en plastique. Il reste, dans la majorité des cas, à déterminer une façon systématique de diffuser les résultats de la recherche et de les inclure dans les politiques locales et nationales.

La gestion des eaux souterraines

Les hommes et les femmes captent l'eau dans le sous-sol depuis l'époque biblique et même avant. Bien entendu, pendant des siècles, la profondeur des puits se limitait à celle des trous creusés à la main (rarement plus de 10 mètres) ou forés mécaniquement (jusqu'à quelques dizaines de mètres de profondeur) en mettant hommes ou bêtes à contribution. Aujourd'hui, les machines modernes creusent à des centaines de mètres sous la terre, pour capter l'eau dans les aquifères, dans les couches plus profondes du sous-sol et le long du substrat rocheux. À ces profondeurs, on peut soutirer de grandes quantités d'eau, assez pour de gros systèmes d'irrigation et répondre aux besoins des populations urbaines. Mais ce captage signifie aussi que les réserves souterraines sont, pour la première fois et à très grande échelle, soumises à un épuisement catastrophique. Nous sommes devenus (et non pour la première fois) les victimes de nos propres inventions.

Par conséquent, une judicieuse gestion des eaux souterraines doit reposer sur une parfaite compréhension de l'hydrogéologie, de la géochimie et d'autres sciences exactes traitant des roches, des sols et de l'eau. Qui plus est, elle requiert des mesures institutionnelles afin de prévenir le surpompage et la concurrence dans les activités de forage de manière à favoriser le juste partage des ressources et des coûts qu'exigent leur conservation. Enfin, la gestion des eaux souterraines demande autant une connaissance approfondie des collectivités et de leurs besoins que de la technogénie du forage de puits profonds.

Dès la fin des années 1980, il était évident que la rapide urbanisation en Amérique latine épuisait les approvisionnements d'eau de surface et obligeait à envisager l'exploitation de sources d'eaux souterraines encore plus profondes. Les premières recherches entreprises avec l'appui du CRDI n'ont pas tardé à prouver que les taux de pompage étaient gravement sous-estimés. Les recherches subséquentes ont tenté de définir avec plus d'exactitude les débits et la qualité des aquifères. Mais ce genre de travaux avait ses limites, principalement en raison de l'immense écart qui existe entre les modèles mathématiques précis appliqués à l'hydrogéologie et les outils de planification imparfaits (et les politiques nébuleuses) en matière de développement urbain. Aussi la recherche a-t-elle été étendue à de vastes secteurs de la gestion pratique et appliquée. Au Brésil, par exemple, la collaboration avec la commission de l'eau de Recife a permis de combiner la planification des approvisionnements et la formation à des techniques de forage, nouvelles et plus efficaces.

Mais d'alarmantes pénuries d'eau souterraine peuvent survenir même lorsque les pluies et les eaux fluviales semblent abondantes. Pendant des années, on a mené des projets de développement dans la partie cambodgienne du delta du Mékong en se fondant sur l'hypothèse facile qu'on pouvait compter sur les pluies de mousson et les crues saisonnières des rivières pour réalimenter les eaux souterraines et les aquifères. Cette hypothèse était erronée; la recherche révèle aujourd'hui que le Mékong ne réalimente qu'une étroite bande de l'aquifère adjacent et que les eaux pluviales s'écoulent rapidement sur une couche d'argile imperméable. À défaut d'une saine gestion, les Cambodgiens, qui pourtant peuvent compter sur la mousson et les eaux de crue, pourraient se trouver dangereusement à court d'eau douce.

Comme c'est le cas d'autres approches de la gestion locale de l'eau, la recherche sur les eaux souterraines a d'abord porté sur les problèmes techniques de la quantité et de la qualité de l'eau. Les projets subséquents ont étudié les aspects économiques et sociaux de l'utilisation de l'eau — et l'aspect politique de l'inégalité d'accès. Les travaux sur le terrain ont révélé que, dans certains villages, par exemple, l'inégalité des revenus était exacerbée dans les périodes d'utilisation accrue des eaux souterraines. Seuls les agriculteurs riches pouvaient acheter une pompe ou obtenir du crédit. Et même si les paysans pauvres pouvaient se procurer une simple pompe à pédale, leur puits finissait généralement à sec en raison du forage concurrentiel et de l'abaissement des nappes phréatiques. Des facteurs sexospécifiques sont aussi entrés en ligne de compte. Presque partout, le transport de l'eau est une tâche qui incombe aux femmes, qui sont aussi parfois chargées de l'horticulture maraîchère et toujours des travaux ménagers. Lorsque les pompes mécaniques sont apparues, les hommes se sont soudain mis à participer davantage à la gestion de l'eau, en particulier à l'irrigation. Pour pleinement évaluer l'incidence des changements techniques — même des changements qui améliorent les choses— il serait plus sage de surveiller les effets distincts qu'ils ont sur les femmes et sur les hommes. Il est rare que des changements importants aient les mêmes répercussions sur les deux sexes.

La gestion des eaux souterraines et de surface
Nombre de collectivités dans le monde survivent parce qu'elles exploitent à la fois l'eau de surface et les eaux souterraines, une utilisation combinée qui souvent alterne avec le rythme des pluies saisonnières. En règle générale, les ménages et les agriculteurs captent l'eau dans le sous-sol afin de prolonger la croissance des cultures après la fin de la saison des pluies, mais, dans certaines régions, l'eau de surface constitue à l'année longue le complément temporaire des eaux souterraines et des aquifères. Ce qui compte, pour la santé des gens et la production agricole, c'est que l'exploitation de ces sources se fasse graduellement, de façon proportionnée et minutée.

Les familles agricoles utilisaient à la fois l'eau de surface et les eaux souterraines bien avant que les chercheurs ne viennent frapper à leur porte. La recherche menée au cours des dix dernières années a tout de même engendré de précieuses connaissances et de nouvelles techniques qui ont permis d'améliorer les anciennes pratiques. Nous savons maintenant que l'hydrologie, la détection par satellite, la géochimie et la météorologie assistée par ordinateur sont toutes des disciplines pouvant être jumelées aux pratiques locales pour améliorer le rendement des cultures et la qualité de vie des gens. Nous savons aussi, plus que jamais, que pour réussir il faut tenir compte des particularités précises des méthodes d'irrigation locales, des systèmes d'exploitation agricole et des débouchés possibles. La pertinence des particularités locales est ce qui donne à la gestion locale toute son importance dans ce genre de situations.

4. Savoir ancien, stratégies nouvelles

Dans le plateau du Deccan, épine dorsale du centre de l'Inde aux terrains tourmentés, les populations tribales de la région d'Akole Toluka savent tout de la misère qu'amènent les sécheresses. Lors de la saison la plus aride, de février à mai, les femmes et les enfants travaillent presque chaque jour à la collecte et au transport de l'eau pour permettre à leur famille de survivre. Même lorsque la mousson survient, de la mi-juin au début d'octobre, les eaux de pluie s'écoulent rapidement sur les roches basaltiques des coteaux. Les étangs s'assèchent, les puits se tarissent, les cultures s'étiolent et les distances qu'il faut parcourir pour aller chercher l'eau aux sources s'allongent.

Ces gens ne sont pas sans recours. Ils connaissent la terre, ils savent où les étangs se forment, où les sources prennent naissance. Ils savent où trouver l'arbre tropical Ficus glomerata, signe de la proximité de nappes souterraines même pendant la saison sèche. Les chercheurs ont donc intégré ce savoir local aux nouvelles technologies, de la télédétection et de l'analyse des fractures jusqu'aux données météorologiques les plus perfectionnées. (Le projet a été mis sur pied par la Fondation BAIF pour la recherche au service du développement, en Inde, et l'Université de Windsor, au Canada.)

Le projet a donné des résultats remarquables : il a permis d'améliorer la santé des populations, d'accroître la production vivrière, d'augmenter les revenus, et d'entreposer des volumes d'eau suffisants pour durer presque toute l'année. En outre, les villageois ont commencé à adopter les stratégies prônées par la recherche.

Ces stratégies sont simples : des systèmes de captage qui ralentissent le ruissellement, réduisent l'érosion et laissent l'eau s'accumuler pour ensuite s'infiltrer dans le sol; la collecte des eaux de pluie et la construction de réservoirs d'abord remplis d'eau de pluie chaque année, puis, durant la saison sèche, par l'eau captée et transportée dans des chars à boeufs. Il s'agit de changements tout simples, mais qui améliorent la vie des gens. Les femmes et les enfants n'ont plus à tant marcher vers des points d'eau éloignés.

Deux projets réalisés en Inde viennent étayer ces conclusions. L'un d'eux a été mené auprès d'environ 10 000 familles tribales, très pauvres, dans trois villages de l'intérieur du plateau du Deccan (voir l'encadré 4). L'autre a été réalisé dans le milieu plus humide de North Bihar avec des agriculteurs qui étaient moins pauvres et moins dispersés. Deux groupes différents dans deux situations différentes, mais des résultats remarquablement similaires. La production agricole a augmenté tout comme la disponibilité d'eau salubre. La conservation du sol et de l'eau s'est aussi améliorée grâce à des systèmes d'irrigation, d'entreposage et de distribution plus efficaces. (Il importe de signaler que des résultats semblables ont été enregistrés dans une recherche sur l'utilisation combinée des eaux souterraines et de l'eau de surface en Syrie, bien que l'expérience ait été plus étroitement contrôlée.)

Les projets menés en Inde sont toutefois décevants, ne serait-ce que parce qu'ils n'ont pas réussi à établir des liens durables entre les chercheurs indiens et les organismes gouvernementaux en cause où les résultats de la recherche pourraient avoir des effets continus. Pour que les avantages aillent au-delà des collectivités qui ont participé directement à une recherche, il faudrait que les chercheurs eux-mêmes amènent les fonctionnaires de l'État chargés du développement rural et de l'agriculture (ainsi que les ONG intéressées) à prendre part activement à la diffusion du savoir et à l'éducation de la population. L'application des découvertes acquises de haute lutte est une entreprise qui ne peut être menée à bien que progressivement, avec la collaboration de nombreux partenaires. Les recherches dont les résultats restent confinés à des revues spécialisées ne peuvent guère être reconnues comme de véritables recherches pour le développement.

Chapitre 3

Les résultats
Propositions pour la gouvernance et la recherche

Les stratégies de gestion locale peuvent s'avérer plus pratiques et de fait plus adéquates que les approches à grande échelle, centralisées et exigeant des investissements massifs. Prédominantes dans le passé, de telles approches ont trop souvent manqué à leur promesse. Les stratégies locales peuvent compléter admirablement des programmes de gestion de l'eau de plus grande portée. Mais elles ne sont pas une panacée. Se méprendre sur leur précarité et leurs limites, ou n'en faire aucun cas, c'est s'exposer à des échecs tout aussi dommageables que les défaites qui ont marqué le passé.

Les recherches effectuées au cours des 30 dernières années (dont certaines ont été décrites dans les pages précédentes) ont exploré les promesses et les problèmes de la gestion locale de l'eau. Et elles ont donné des résultats concrets : des enseignements pouvant être immédiatement mis à profit pour prendre des décisions plus judicieuses et ouvrir la voie à d'autres recherches. Ces résultats sont repris ici brièvement sous la forme de propositions. Pour des raisons de commodité, ces propositions sont présentées en deux listes; la première porte sur la gouvernance et la seconde sur la recherche. En pratique, toutefois, la distinction n'existe que pour faciliter l'organisation de ce chapitre. Car ce n'est que lorsque les difficiles enjeux de la gouvernance et de la recherche sont considérés ensemble — quand la politique et le savoir s'éclairent mutuellement — que l'on peut donner libre cours à toutes les possibilités que recèle la gestion locale de l'eau.

Pour la gouvernance

1. La recherche sur la gestion de l'eau peut avoir d'importantes conséquences pour les décideurs et les politiques.

Dans la gouvernance des pénuries d'eau, comme dans la recherche, il est faux de présumer que le savoir est neutre. Voici un exemple concret qui mérite qu'on s'y arrête : l'oued Allaqi.

Des chercheurs de l'Université de la vallée du Sud à Assouan, en Égypte, et de l'Université Trent, au Canada, ont entrepris d'explorer les valeurs et utilisations traditionnelles des plantes indigènes du *Wadi Allaqi*, le plus grand oued de la côte est du lac Nasser. En dépit du torride climat désertique, cette région a toujours joui d'une riche biodiversité. Et les niveaux d'eau élevés produits par le grand barrage d'Assouan a rendu la terre plus riche encore — et plus enviable pour plus de gens.

La recherche a réussi à déterminer l'importance de l'approvisionnement en eau dans la conservation de cette biodiversité. Elle a révélé, en outre, que les Ababda et Bishariin, deux tribus locales, avaient toujours compté sur les plantes de l'oued Allaqi pour combler leurs besoins, qu'il s'agisse de nourriture, de médicaments, de fourrage, de combustible ou de matériaux de construction. En soi, ces résultats sont déjà utiles. Mais la recherche s'est aussi avérée plus qu'un projet gratifiant sur l'ethnoécologie.

Les droits fonciers, dans cette région, n'avaient pas été tellement valorisés — ni contestés — tant que la terre ne donnait guère plus aux populations locales que de quoi survivre. Mais la hausse des niveaux d'eau a inexorablement changé tout cela. L'eau a accru la productivité des champs. Parallèlement, les routes ont été améliorées et ont augmenté encore davantage la valeur des terres. On enregistrait désormais des excédents agricoles qui permettaient d'avoir accès à d'intéressants débouchés sur les marchés extérieurs.

Par ailleurs, ces changements ont eu pour effet d'inciter un certain nombre d'Ababda et de Bishariin à installer une résidence semi-permanente dans l'oued Allaqi. Mais ces peuples nomades avaient l'habitude de vivre de l'élevage du bétail, de la production de charbon de bois et de la cueillette de plantes médicinales. Aussi ont-ils dû obtenir des droits d'occupation dans plusieurs zones écologiques de la région afin d'assurer des récoltes durables pour ces différentes activités.

Les Ababda et les Bishariin ont dû démontrer le bien-fondé de leur revendication de la propriété commune de ces terres. Une recherche financée par le CRDI, qui a confirmé leur présence constante et leur travail incessant de la terre pendant des générations, a fourni la preuve dont ils avaient besoin. Dans l'oued Allaqi, de nouvelles connaissances ont permis de prendre des décisions stratégiques et politiques de grande portée pour la gestion des terres, de l'eau et des vies humaines.

2. Trop souvent, les décideurs rejettent les petits groupes et les petites solutions. Ils font une grave erreur.

Les décideurs sensés cherchent les économies d'échelle partout où il est possible et viable de le faire. Ils ont raison. Il ne sert à rien non plus de nier qu'il peut être politiquement rentable de concentrer son énergie là où elle est susceptible d'avoir l'effet le plus vaste et le plus percutant. Pourtant, il est peu judicieux (mais très courant) de considérer sans importance le sort des petits groupes ou de dénigrer une solution proposée sous le curieux prétexte qu'elle n'est pas assez coûteuse ou difficile. Des motifs de deux ordres expliquent pourquoi ce sont là de sérieuses erreurs.

D'abord, il y a des raisons d'équité. Qu'un enfant vive dans un bidonville surpeuplé à la périphérie d'une grande cité ou dans un village autochtone éloigné, il a, autant que quiconque, droit à un approvisionnement suffisant en eau potable. C'est une qualité particulière de la gestion locale de l'eau de pouvoir traiter cette question de droit relativement aisément. Puisque cette approche considère tout à petite échelle, elle ne tend pas à désavantager un groupe ou un autre parce qu'il n'est formé que d'un petit nombre. (D'autres atouts ayant des incidences politiques — richesse, origine ethnique — pourraient réussir à assurer la distribution de l'eau

Figure 4. Équité et efficacité vont de pair. Les membres des petites collectivités ou des communautés éloignées ont, comme quiconque, le droit d'être entendus et de voir satisfaits leurs besoins les plus fondamentaux.

là où elle est limitée, même dans la plus petite des collectivités. Disons seulement que la gestion locale est relativement dépourvue de parti pris favorable à l'endroit des groupes populeux.) Lorsque, en matière de gestion, une innovation rentable, juste et respectueuse de l'environnement — mais à petite échelle — est recommandée à des décideurs, l'équité veut qu'on lui accorde la même attention qu'à n'importe quel grand projet susceptible d'être approuvé par un plus large public (et qui sans aucun doute coûtera plus cher).

Il y a ensuite des raisons d'efficacité. Tenir compte des petits groupes et des petites solutions peut, en fin de compte, produire de meilleurs résultats, de plus grande portée et qui touchent le plus grand nombre. Nous avons souligné plus haut que bien des pays en développement ont déjà atteint les limites des grands projets; il reste peu de cours d'eau où construire des barrages. Si tant est qu'il en existe encore, l'irrigation intensive épuise ou empoisonne les sols et le surpompage détruit les aquifères, parfois irrémédiablement. À petite échelle ou localement, toutefois, on a encore de grandes possibilités en réserve. Par exemple : une recherche parrainée par le CRDI dans le désert de la Jordanie a permis de trouver des quantités appréciables d'eau souterraine enfouie beaucoup plus profondément que ce qu'avaient permis de capter les puits creusés à la main et que les équipes de forage cherchant à sonder plus loin avaient manquée. Cette source d'eau ne règle pas le problème de pénurie auquel font face les villes de ce pays, mais elle permet d'améliorer considérablement la vie des Bédouins et des villageois des régions rurales.

Ces approches locales, à petite échelle, sont en outre peu coûteuses. Elles sont faciles à assimiler, simples à gérer et donc susceptibles d'intéresser les gens qui devront s'en servir. Leurs répercussions sur l'environnement, relativement anodines, peuvent être mesurées et atténuées. Et elles peuvent être reproduites, pratiquement indéfiniment, en les adaptant aux réalités locales.

Équité et efficacité vont de pair. Les membres des petites collectivités ou des communautés éloignées ont, comme quiconque, le droit d'être entendus et de voir satisfaits leurs besoins les plus fondamentaux. Des innovations modestes en apparence peuvent, d'un autre côté, procurer des avantages considérables et généralisés. Les innovations ont des effets multiplicateurs qui peuvent investir les collectivités de nouvelles capacités institutionnelles ou améliorer la vie des femmes et des filles, ou encore ralentir l'épuisement des sols causés par l'érosion locale. Leurs effets d'émulation peuvent être tout aussi séduisants — et inciter d'autres collectivités se trouvant dans des situations semblables à adapter, à leur profit, des idées qui ont fait leurs preuves. Des réseaux intercommunautaires, pour être non structurés, n'en fonctionnent pas moins fort bien et rapidement.

3. Répartir les coûts et les avantages de la gestion des ressources en eau impose des choix difficiles. Faire ces choix, et leur donner suite, exigera de nouvelles capacités institutionnelles.

La rareté des ressources, par définition, oblige aux compromis. Un litre d'eau consommé par une famille ou une exploitation agricole ou une usine est un litre d'eau que d'autres n'auront pas, au moins pour quelque temps. Mais l'eau a deux autres attributs qui rendent ces choix encore plus compliqués. D'abord, l'eau est en mouvement. Et le mouvement de l'eau fait naître d'autres rivalités qu'il faut résoudre. Lorsque les gens qui vivent en amont détournent ou polluent un cours d'eau, ceux qui se trouvent en aval en souffrent. Lorsqu'une collectivité installée dans une montée retient une décharge, les habitants de la vallée sont privés d'eau douce. Ensuite, mis à part l'eau perdue par évaporation ou son utilisation pour les cultures ou la fabrication de produits, l'eau — une fois utilisée — retourne dans l'environnement, mais inévitablement elle a perdu de sa qualité. Qui donc devrait avoir accès à cette eau, quand et à quel prix ?

Décider quels doivent être ces compromis est encore plus difficile lorsqu'ils concernent avant tout le bien collectif — la protection de la qualité de l'environnement, peut-être, ou la conservation d'un aquifère pour les générations à venir. Dans des cas comme ceux-là, le problème n'est pas tant de concilier des intérêts privés opposés que de protéger l'intérêt public contre les effets de la satisfaction immédiate (et possiblement nuisible) des avantages privés. La protection d'une rivière vitale pour la population locale contre les dommages causés par un pollueur est un exemple quotidien hélas trop bien connu.

La dynamique des marchés peut parfois aider à faciliter les choix qu'impose la pénurie d'eau. Ou, pour présenter les choses autrement, la désorganisation du marché peut dans certains cas être néfaste. Subventionner le prix de l'eau — vendre la ressource en deçà du coût réellement engagé pour sa conservation, sa collecte et sa distribution — favorise les abus et encourage le gaspillage. Pis encore, les subventions (c'est bien connu) sont réceptives au népotisme, aux déficiences administratives et aux pots-de-vin. Loin d'aider les pauvres ou ceux qui n'ont aucun poids politique, les subventions favorisent, fréquemment et honteusement, les bien nantis et ceux qui ont des contacts parmi les haut placés.

Mais il ne peut jamais suffire de traiter l'approvisionnement en eau comme s'il n'existait aucune forme de gestion. La recherche est claire à ce sujet. En l'absence de stratégies de gestion délibérées, les pénuries d'eau locales seront gérées par défaut, c'est-à-dire par n'importe quelle groupe d'une société qui fait mainmise sur la ressource et s'occupe de sa distribution. Et cela s'applique de façon criante aux eaux souterraines. En règle générale, la gestion par défaut est dévolue à l'industrie, aux riches agriculteurs et propriétaires fonciers ou aux promoteurs. Ceux-là ont les finances ou les influences politiques voulues pour obtenir le contrôle des eaux souterraines ou des aquifères où sont installés les puits les plus profonds et les systèmes de pompage les plus importants. Le moins qu'on puisse dire, c'est que la gestion par défaut ne se qualifie pas à titre de saine gouvernance.

La saine gouvernance est ouverte, participative, responsable. Et il lui faut de bonnes informations, du genre de celles qu'une recherche consciencieuse peut fournir. Qui plus est, pour rendre et mettre en oeuvre des décisions judicieuses sur les ressources durables, la saine gouvernance exige des capacités institutionnelles : la capacité, notamment, de recueillir et d'évaluer l'information pertinente, de délibérer, de mettre en application des politiques et de rendre compte de façon responsable aux membres de la collectivité.

L'importance des capacités institutionnelles — de fait, ce qui les rend indispensables — ressort à l'évidence et en détail de la recherche. Dans son acception la plus simple, et envisagée à la plus petite échelle, la capacité institutionnelle représente la capacité d'un quartier de construire et d'entretenir un réseau commun qui permet d'entreposer et de distribuer l'eau de pluie à quelques pâtés de maisons. C'est ce qui permet aux villages, en amont et en aval d'un coteau, de répartir les décharges saisonnières pour garantir le maximum d'utilisations et le minimum de pertes de l'eau et du sol. C'est le mécanisme qui peut inciter une collectivité à investir dans une station d'épuration des eaux usées ou dans des systèmes de forage des eaux souterraines de pointe. C'est la reconnaissance que la gestion comporte des tâches d'ordre administratif et financier aussi bien que technique, que l'entretien régulier est aussi important que la construction initiale et que, de temps en temps, la mise en application de règlements peut être nécessaire. C'est un lieu de débats où l'on reconnaît que la qualité de l'environnement est une valeur et où on tient compte des intérêts des générations à venir.

On peut jauger la saine gouvernance à la façon dont une société traite ses membres les plus pauvres et les plus vulnérables. En ce qui a trait à la gestion locale de l'eau, la situation des femmes, des minorités et des paysans sans terre relève spécifiquement des instances institutionnelles. Ce sont eux qui ont le plus à souffrir de la mauvaise gestion et dont la vie s'améliorera le plus grâce à une saine gestion de l'eau. Peut-être ne faut-il pas s'étonner qu'une recherche appuyée par le CRDI en Égypte ait révélé que les filles et les jeunes femmes étaient des agents de changements particulièrement efficaces et réceptives aux nouvelles données sur l'utilisation de l'eau dans les ménages.

Ne serait-ce que pour souligner l'importance de la chose, il convient de répéter que gérer localement n'est pas la seule façon de faire face aux pénuries d'eau. Les stratégies locales sont le plus efficaces quand elles viennent compléter deux autres démarches : 1) les programmes nationaux et internationaux de gestion et de conservation des ressources, reposant sur les principes du développement durable; et 2) la recherche scientifique et des programmes de vulgarisation qui visent à élaborer et faire connaître les moyens d'accroître l'utilisation efficace de l'eau, particulièrement en agriculture. Partout, cependant, la gestion locale de l'eau est un atout précieux et elle requiert l'exercice d'une saine gouvernance pour qu'on puisse en exploiter toutes les possibilités.

4. Il n'y a qu'un impératif absolu pour gérer les eaux souterraines et les aquifères : conjecturer le pire.

Les problèmes invisibles retiennent rarement l'attention exclusive des décideurs jusqu'à ce qu'il soit presque — sinon déjà — trop tard. C'est naturel, mais dangereux. C'est particulièrement dangereux quand il s'agit de gérer des eaux souterraines et des aquifères, en raison de deux vérités insidieuses. Premièrement, les risques de mauvaise gestion (à cause du surpompage ou de la pollution) sont plus élevés parce que les premières conséquences, cumulatives, de cette mauvaise gestion sont enfouies sous terre, hors de vue et non détectées. Deuxièmement, les problèmes eux-mêmes (tarissement, contamination) ne deviennent jamais incontestablement évidents avant d'être difficiles sinon impossibles à régler.

Voilà la triste réalité. Quelles sont les voies de recours ?

La bonne façon d'envisager les choses consiste à présumer au départ que l'exploitation de n'importe quelle source d'eau souterraine ou aquifère comportera de sérieux risques de surpompage et de pollution, et que les dommages qui en résulteront seront très coûteux. Il serait mal avisé de supposer que tout ira bien et de négliger de prendre des précautions à moins qu'un désastre ne survienne. Le corollaire obligé est que les institutions devront consacrer leur énergie et les fonds appropriés à la réalisation de recherches sur les ressources et à la surveillance, en temps opportun, avant que les problèmes ne commencent. Les décideurs prudents (et désireux de se protéger) donneront aux chercheurs la consigne de signaler rapidement toute pénurie ou contamination imminente et de recommander les mesures correctives à prendre. (Les chercheurs, suivant la même logique, doivent formuler leurs évaluations et recommandations en termes que les membres de la collectivité, et les décideurs qui ne sont pas spécialistes du domaine, puissent comprendre sur-le-champ.)

Dans les régions où le recours aux eaux souterraines est relativement récent, la tentation est grande d'utiliser cette nouvelle source d'approvisionnement comme si elle était infinie. Gérer des problèmes invisibles comme ceux-là requiert des programmes de sensibilisation du public de premier plan et une discipline politique particulièrement rigoureuse. Tous les membres de la collectivité doivent être informés des dangers et des coûts du surpompage et de la pollution — et être conscients des avantages de la conservation.

Prévoir le pire, dans l'intérêt public, implique habituellement la réglementation des actions privées : le forage concurrentiel, l'investissement dans des puits toujours plus profonds et le rejet inconsidéré des déchets. Ici encore, des données techniques convaincantes, conjuguées à des décisions diligentes et des mises en garde énergiques, accroîtront les chances de succès d'une saine gouvernance.

5. Le succès de la gestion locale de l'eau exige, et mérite, une étroite collaboration entre les collectivités et les gouvernements.

L'information recueillie partout dans le monde en développement démontre que gérer localement les ressources en eau comporte de grands avantages. Les résultats des recherches obligent également à une autre conclusion : les collectivités qui optent pour la gestion locale de l'eau ont besoin de l'appui des plus hauts échelons de gouvernement. Cela est particulièrement (mais pas uniquement) important dans la gestion des bassins hydrographiques et des aquifères qui doivent être partagés avec d'autres. Comme nous en faisons état au chapitre 5, harmoniser la gestion locale et les programmes de gestion des bassins, de plus grande envergure, est au cœur même d'une saine gestion des ressources en eau.

Nous en voulons pour preuve les quelques exemples concrets que voici.

C'est une chose de découvrir dans le cadre de projets de recherche de nouvelles façons formidables de capter et d'épargner l'eau dont les réserves sont limitées; c'en est une autre de mettre ces découvertes en application dans les ménages et dans les champs. L'État peut favoriser la diffusion de nouvelles connaissances utiles, en particulier par l'intermédiaire de ses organismes et de ses services de vulgarisation. Ces organisations du gouvernement ont les compétences et les ressources nécessaires pour accélérer la diffusion de l'information et la sensibilisation du public. En diffusant les résultats des travaux de recherche et des projets de développement, les gouvernements décuplent la valeur du nouveau savoir pour les collectivités locales. Ce faisant, de concert avec les ONG et d'autres organismes, ils augmentent le patrimoine national et le bien-être des citoyens. Les chercheurs peuvent jouer un important rôle de catalyseurs dans ces processus, en présentant les résultats des récentes recherches aux décideurs, aux familles et aux agriculteurs — et en présentant ces intervenants les uns aux autres.

Le gouvernement a aussi pour fonction de veiller à la coordination et à la réconciliation. Un gouvernement ouvert, participatif et responsable est le mieux placé pour soupeser les intérêts divergents des différentes collectivités. Il peut aussi revendiquer l'autorité légitime de représenter les intérêts des collectivités qui relèvent de sa juridiction lors de négociations avec d'autres gouvernements. Sur le plan national, une collaboration active entre l'État et les collectivités permet aux gouvernements de coordonner l'exploitation des aquifères communs, par exemple, ou de faire en sorte que les installations de captage des eaux desservent plus d'une collectivité. À l'échelle internationale, la collaboration entre les instances gouvernementales et communautaires peut faciliter le règlement pacifique de conflits sur les ressources en eau.

De même, les collectivités sont bien servies lorsque les gouvernements consolident la gestion locale de l'eau en consacrant leurs capacités uniques à l'analyse, à la gestion financière et au soutien de l'infrastructure. Par exemple, la technique utilisée pour la collecte d'eau en plein champ est habituellement simple. Mais, comme le montrent les recherches menées en Jordanie et en Syrie, lorsqu'il est question de gérer plusieurs de ces techniques en même temps pour en faire une unité intégrée et cohérente, il peut être nécessaire de faire appel à des compétences plus poussées. Il en va de même de l'utilisation conjointe des eaux souterraines et des eaux de surface, comme le confirme une recherche effectuée en Inde. La mise en place de vastes installations destinées à une collectivité tout entière (pour l'entreposage et l'approvisionnement d'eau potable, par exemple, ou la distribution d'eau d'irrigation) peut exiger l'avis de conseillers en ingénierie ou de professionnels spécialisés en administration financière. Et, dans les régions pauvres en particulier, il faut probablement, pour investir dans des technologies susceptibles de ménager l'eau, réunir plus de fonds que ne peuvent en recueillir les collectivités. En pareilles circonstances, les gouvernements peuvent répondre à des besoins locaux bien réels en versant des contributions matérielles tout aussi réelles — et urgentes.

Enfin, des gouvernements désireux d'appuyer les citoyens et de répondre à leurs besoins, peuvent exercer leur autorité réglementaire en prenant des mesures pour favoriser l'harmonie et l'équité sociale:

- Ils peuvent mettre sur pied et entretenir des stations météorologiques et hydrologiques expressément à l'intention des collectivités pauvres tributaires de l'agriculture.
- Ils peuvent réduire le recours exagéré aux produits agricoles d'exportation et aux grandes cultures qui négligent les petits cultivateurs et les paysans qui pratiquent une agriculture de subsistance.
- Ils peuvent étendre les services de vulgarisation agricole afin de fournir rapidement aux agriculteurs les meilleures et les plus récentes techniques.
- Ils peuvent modifier les règlements sur l'utilisation des terres et les codes du bâtiment pour inciter les collectivités à recycler les eaux usées ou à entreposer l'eau de pluie.
- Ils peuvent promouvoir, et financer adéquatement, des programmes de formation des enfants et des adultes sur les principes de la protection de l'environnement et de la conservation de l'eau, et sur les systèmes conçus à cet effet.
- Ils peuvent redoubler leurs efforts dans le domaine de la santé publique.

Voilà comment les gouvernements peuvent agir dans leurs rapports quotidiens avec les collectivités locales, en collaboration avec les ONG, d'autres organismes de sensibilisation et organisations militantes. De fait, ce genre d'activités est synonyme de saine gouvernance dans n'importe quel pays. Elles témoignent d'une société qui accepte, comprend et partage équitablement tant les difficultés que les gratifications que comporte la gestion des pénuries d'eau.

Pour la recherche

1. Des recherches objectives donnent des dividendes intéressants, même si les résultats sont décevants.

Le développement durable, dans quelque domaine que ce soit, est une entreprise multidimensionnelle; les meilleures recherches pour le développement commencent cependant par des données sur le terrain : par la géologie, l'hydrologie, l'agronomie et les autres disciplines expérimentales de cette sphère ainsi que par la nécessaire analyse des facteurs économiques et sociaux. Sans données solides, les désirs illusoires (assortis peut-être d'intérêts personnels prenants) pourraient inspirer de mauvaises décisions. D'un autre côté, la découverte d'informations fondamentales peut ouvrir de nouvelles perspectives et résoudre de vieux problèmes.

La gestion locale des aquifères, en particulier, a été considérablement renforcée par de soigneuses recherches géologiques et hydrologiques, essentielles à la compréhension des divers aspects de la pénurie d'eau— et des solutions possibles. La gestion des aquifères et la recherche axée sur ce thème sont spécialement exigeantes parce qu'il est difficile de définir les dimensions, le comportement et la structure de ces nappes souterraines. Une recherche menée au Mexique, par exemple, a révélé que les hypothèses arrêtées au sujet de la géométrie de l'aquifère étaient erronées.

Parfois, l'importance de la recherche se mesure autant par la façon dont des données s'amalgament soudain pour dessiner un nouveau profil que par la portée d'un résultat moins éclatant. Les recherches sur l'eau de surface menées sur la côte nord-ouest de l'Égypte ont porté sur différents domaines, des diverses méthodes de construction des citernes aux habitudes de pâturage, en passant par les caractéristiques du sol, la climatologie et la répartition des ressources —tous intégrés au savoir ancestral et à la culture locale. La concentration de données disparates a raffermi la confiance dans les résultats de la recherche et aidé à convaincre tant les Bédouins de la région que les représentants du gouvernement.

Les variables économiques sont tout aussi remarquables. Mais les enseignements qui s'en dégagent sont simples et directs : les coûts et les avantages d'une approche particulière de la gestion de l'eau doivent être calculés selon le point de vue des ménages et des cultivateurs, et celui de leur collectivité, et non dans la perspective du chercheur chargé du projet. Autrement, la mise en application d'une innovation apparemment justifiée restera probablement bien en deçà des prévisions optimistes des chercheurs et des administrateurs qui les appuient.

Même les attentes fondées peuvent à l'occasion être déçues par les résultats de la recherche. Mais les déceptions aussi peuvent être instructives. Les habitants du village chilien où des capteurs de brouillard ont été installés n'ont pas réservé à ces systèmes un accueil aussi positif que les expériences antérieures avaient permis de l'espérer. Il s'est avéré que, du point de vue des villageois, les filets destinés au captage de l'eau de brume et la canalisation devant l'acheminer exigeaient plus de main-d'oeuvre et d'argent que l'eau n'en valait. Étant donné que le gouvernement était disposé à leur livrer de l'eau par camion-citerne, ils s'interrogeaient à juste titre sur la pertinence d'entretenir un système qui ne leur procurait aucun avantage notable. Parfois, c'est le gouvernement lui-même qui fait la sourde oreille. Dans un pays comme l'Amérique latine qui s'urbanise de plus en plus, les recherches ont montré que les taux de pompage étaient, presque dans chaque cas, sérieusement sous-estimés; néanmoins, on a continué d'avoir recours au surpompage pour répondre à la demande d'eau potable.

Les recherches pour le développement qui se veulent efficaces visent en bout de ligne à informer les responsables des politiques. Mais les meilleures recherches sont celles qui reposent sur ce genre de connaissances élémentaires.

2. La participation et la formation locales accroissent l'efficacité et le succès de la recherche.

La participation enthousiaste des villageois à la recherche sur la gestion de l'eau ne constitue pas uniquement un bienfait théorique; elle est nécessaire en pratique si on veut mener des recherches qui aient quelque importance ou effet durable. Cette participation doit commencer par une communication bilatérale, ouverte, entre les chercheurs et les membres de la collectivité où ils travaillent. L'absence de pareille relation entravera la recherche qui ne pourra donner que des résultats incomplets. À moins que la population locale ne s'engage à prendre part aux découvertes et à l'apprentissage, ils resteront (avec raison) indifférents aux résultats des travaux.

Tout ceci plaide en faveur de l'intégration des facteurs techniques et socioéconomiques du début à la fin des projets, c'est-à-dire depuis la conception du protocole expérimental jusqu'aux phases d'exploitation subséquentes. Les répercussions concrètes d'un projet de gestion communautaire sur les populations ne sont pas quelque chose qui s'ajoute à la fin; il faut en tenir compte dès le départ.

Cette approche complique indéniablement la conception et la réalisation de la recherche, mais elle n'en compromet pas l'issue. Le problème peut être minimisé en prévoyant réaliser la recherche en plusieurs étapes. Certaines phases pourront porter davantage sur la télédétection ou sur les données relatives au forage, ou encore sur l'analyse chimique et, par conséquent, requérir une moins grande participation publique. Les étapes successives (même si elles se chevauchent) peuvent être adaptées aux réactions des gens, à l'apprentissage des villageois et aux incitatifs à la participation locale, défi qui prend diverses formes selon les circonstances. Différer longtemps la participation est une erreur. Ainsi, des chercheurs qui se sont penchés sur les réseaux d'alimentation en eau d'un village du Togo ont dû opter pour une autre technologie lorsque les villageois leur ont affirmé que si le système proposé était compliqué, il ne serait pas aisément accepté.

Un dernier mot sur la participation : les collectivités locales devaient toujours prendre part aux décisions quant à l'emplacement et à la conception des parcelles d'essai ou des travaux de construction. C'est, répétons-le, plus qu'une question de courtoisie. C'est une nécessité si on veut que les résultats de la recherche soient fiables et capables d'influencer. À vrai dire, l'expérience démontre que la participation locale non seulement soutient le projet, mais peut de fait l'orienter dans des avenues étonnantes et fort productives.

3. Les mises à l'échelle peuvent être source d'économies et amplifier les inégalités. Deux effets qu'il faut bien comprendre.

Si, comme le prétendait E.F. Schumacher dans son désormais classique *Small is beautiful,* la sagesse est dans la petitesse, voir un peu plus grand est parfois plus avisé. Les chercheurs constatent souvent que le rapport coût-efficacité des méthodes traditionnelles — la collecte d'eau en plein champ, par exemple, ou le recyclage des eaux usées — peut être grandement amélioré en étendant les projets des ménages aux villages ou même à ce qu'il est convenu d'appeler des unités de voisinage. De même, on peut accroître l'efficacité de la collecte d'eau sur les toits en installant des citernes assez grandes pour entreposer l'eau nécessaire à plusieurs maisonnées ou à un îlot urbain tout entier.

Toutefois, l'augmentation à plus grande échelle exige habituellement l'investissement de capitaux. Souvent, comme c'est le cas des grands réseaux d'assainissement des cités, il faut occuper de vastes terrains. Ce sont là des réalités qui favorisent ceux qui ont déjà accès aux capitaux — et ceux qui ont le pouvoir politique d'édicter les règles d'utilisation du sol. Elles font tout le contraire pour les pauvres et ceux qui sont dépourvus d'autorité.

La recherche qui ne tient pas compte de l'inégalité de ces effets est, au moins, incomplète et, au pire, dangereusement trompeuse.

4. Mais elles peuvent aussi réussir pourvu que les institutions répartissent les profits et les coûts.

Imaginez un système de captage d'eau sur les toits qui puisse entreposer assez d'eau pour approvisionner toutes les familles d'un pâté de maisons. Ce système serait, par unité d'eau acheminée, meilleur marché et plus productif que n'importe quelle autre méthode dont on ait fait l'essai pour recueillir le même volume d'eau, maison par maison. Il faudrait cependant que les institutions prennent des mesures pour acheter et entretenir les installations, et pour distribuer équitablement l'eau captée.

Prenons une station d'épuration des eaux usées qui transforme les eaux d'égout de toute une ville en eau d'irrigation à l'intention des agriculteurs des zones suburbaines. Qui paie ? Les citadins, trop contents de se débarrasser de leurs eaux usées mais dont le traitement subséquent les indiffère ? Ou les cultivateurs, qui ont désormais accès à une nouvelle source d'eau d'irrigation mais qui doivent faire face aux nouveaux frais (et aux nouvelles restrictions) qui s'y rattachent ? C'est là qu'entrent en jeu les institutions : pour délibérer, décider et gérer ces coûts et avantages au profit d'une population qui ne pourrait s'en charger, faute d'expérience au chapitre de la collaboration ou de but commun.

Nous ne saurions trop insister, toutefois, sur le fait que la création d'institutions locales ne signifie pas la reproduction à petite échelle de grands systèmes de gestion de l'eau. Au contraire, gérer localement et efficacement exige des structures, des procédés et des objectifs différents des organes de gestion des bassins hydrographiques ou des approches de plus grande envergure. À titre d'exemple : les habitants d'un village de la province du Guizhou, en Chine, en travaillant avec des chercheurs de l'Académie des sciences agronomiques du Guizhou, ont pu construire un système de traitement d'eau potable, géré par le village. Ils ont défini les droits et les obligations des utilisateurs et fixé des règles pour le partage des coûts et avantages selon les normes locales.

5. Les facteurs économiques et sociaux sont toujours importants. Quand il s'agit de gérer localement, ils sont parfois d'une importance primordiale.

L'expérience des chercheurs dans presque n'importe quel milieu ou circonstance confirme cet axiome, en ce qui a trait à la gestion locale de l'eau : ce sont les facteurs économiques et sociaux, non les problèmes techniques, qui en fin de compte constituent les pires obstacles — et les meilleurs instruments — à la réalisation et à la mise en application de la recherche. Ces obstacles sont nombreux et de taille; nous en avons mentionné plus d'un dans ces pages. Il peut s'agir d'une hostilité culturelle à certains champs d'enquête, de la réticence des fonctionnaires, du clivage politique, de conflits et de scissions socioéconomiques ou de l'incapacité des institutions d'absorber ou d'effectuer les changements. Mais les capacités des gens et de leurs collectivités à saisir et à exploiter les occasions de changement sont également diverses et considérables, même dans les situations les plus défavorables. Les chercheurs ont l'obligation de déceler ces facteurs et de comprendre dès le départ qu'ils font partie intégrante de la recherche.

Aucun de ces éléments, toutefois, n'a autant d'incidence directe sur la gestion locale de l'eau que les facteurs sexospécifiques et aucun n'exige plus de doigté lorsqu'on en tient compte dans la recherche appliquée (voir l'encadré 5). Presque partout, dans les villes comme à la campagne, la tâche de transporter, entreposer et utiliser l'eau pour les besoins de la famille incombe principalement aux femmes et non seulement pour les soins des enfants, faire la cuisine, la lessive ou le ménage. La besogne s'étend aussi à la culture maraîchère, à la santé communautaire et à d'autres activités économiques et sociales essentielles. Par conséquent, pour comprendre la dynamique de l'utilisation et de la conservation de l'eau, il faut comprendre également ce que font ces femmes et pourquoi elles le font. Changer la façon dont l'eau est captée, entreposée et utilisée changera vraisemblablement la vie des femmes — pour le meilleur ou pour le pire. Elles ont le droit d'avoir voix au chapitre; elles sont une source de savoir

Figure 5. | Au Mexique, près de Cheran dans l'État du Michoacan, des femmes font le plein d'eau à même un réservoir communautaire qui recueille les eaux de pluie.

indispensable. Qui plus est, le succès de toute innovation constructive repose sur leur participation. (Au Kenya, un projet de collecte d'eau conçu par des femmes a été organisé de sorte que ce soit les femmes elles-mêmes qui contrôlent l'utilisation de l'eau à domicile et dans les cliniques médicales locales.) Le renforcement des capacités dans ce genre de situations doit tenir compte des conditions particulières des femmes et des hommes de chaque collectivité.

Le rôle des institutions est tout aussi important à d'autres égards. Prenons un exemple bien connu : lorsque les systèmes de captage d'eau chevauchent des limites de propriété officielles ou traditionnelles, ils doivent être organisés de façon à en répartir les coûts et avantages. Trop souvent, c'est la règle du chacun pour soi qui prévaut et la ressource s'en ressent. De même, les différends quant à la propriété juridique et politique des eaux de surface exigent que les institutions établissent des règlements et procèdent à une répartition qui soient assez équitables pour que les collectivités s'y conforment.

5. La participation des femmes à la recherche et à l'action

C'est désormais un fait reconnu : il est essentiel que les femmes des collectivités pauvres participent à la gestion locale de l'eau et des installations sanitaires. Ce sont les principales utilisatrices de l'eau pour les besoins domestiques et l'hygiène; ce sont elles les spécialistes. Mais les différences culturelles d'une collectivité et d'un pays à l'autre rendent presque impossible la participation des femmes à la gestion des innovations. Au Proche-Orient, les valeurs traditionnelles vont à l'encontre des femmes qui assument publiquement ce genre de responsabilités.

Dans un village du delta du Nil, des chercheurs ont mis à l'épreuve une stratégie de « recherche-action » dans le cadre d'un projet en plusieurs étapes visant à améliorer l'assainissement et l'approvisionnement en eau. L'équipe de recherche a passé quatre ans à étudier, en étroite collaboration avec les villageoises, les conditions de vie de la collectivité et les pratiques susceptibles d'engendrer des maladies.

La méthode n'avait rien de compliqué : il s'agissait simplement d'inciter les gens à définir leurs problèmes, à trouver des solutions et à procéder aux changements.

La recherche a révélé que les maladies étaient attribuables autant au traitement déficient et à l'approvisionnement inadéquat de l'eau qu'au surpeuplement et à la concentration des mouches. Les chercheurs ont aussi constaté que les enfants avaient une influence déterminante sur les pratiques d'hygiène familiales et que l'information sur les mesures sanitaires influait sur la façon de préparer les aliments.

Quant à l'organisation des changements, les villageoises ont cerné deux problèmes à régler : une fontaine brisée et un canal pollué. Elles ont réparé la fontaine et amélioré la qualité de l'eau du voisinage en y travaillant elles-mêmes et en obtenant l'aide des autorités locales. Elles n'ont pas réussi à nettoyer le canal toutefois, ne pouvant venir à bout des obstacles politiques et des complications bureaucratiques pour l'enlèvement des ordures.

Mais ce qui est sans doute plus important que tout, c'est que les femmes et les hommes du village ont découvert, lors de leurs réunions, qu'ils pouvaient travailler ensemble, tout en gardant leurs valeurs traditionnelles, et que les unes comme les autres pouvaient en bénéficier.

Comme nous l'avons souligné, les projets dont la mise en œuvre dépend de la création de grands organismes de la société civile ou de grandes infrastructures (réservoirs, grands barrages, etc.) risquent d'intensifier les inégalités politiques et économiques. Les gens qui possèdent de l'argent et le pouvoir politique seront sans doute favorisés par ces projets tandis que les pauvres en subiront probablement les contrecoups. Même les grands projets qui n'accentuent pas les inégalités peuvent être compromis par leur propre complexité. Les chercheurs ne font pas de faveur aux pauvres et aux collectivités qui manquent de capacités en leur proposant des projets trop complexes à gérer. Mieux vaut rechercher la simplicité, du moins pour commencer.

Enfin, l'utilisation de l'eau — et le gaspillage qu'on en fait — sont dans une large mesure fonction du prix. Tous les domaines, de la santé à l'érosion du sol, peuvent être touchés par le prix que les gens paient (ou croient payer, ce qui n'est pas toujours la même chose). Les subventions ouvertes ou secrètes influent sur ces prix — réels ou perçus —, ce qui en retour influence les comportements. Les effets peuvent être pernicieux. De l'eau « gratuite » peut être acheminée aux ménages urbains par le réseau municipal. Mais si seuls les ménages nantis sont reliés au réseau, la subvention implicite n'apporte aucun avantage aux pauvres; ils en sont réduits à payer le gros prix pour un produit vendu sur le marché « privé », dont la qualité est douteuse (le plus souvent, les fournisseurs transportent les bidons dans tout le quartier). Sans parler de la stricte question d'équité, des pratiques d'établissement des prix comme celles-là modifient considérablement le profil de la consommation d'eau, les perturbations environnementales et le bien-être des gens. Les chercheurs spécialisés dans la gestion de l'eau ne devraient jamais manquer d'analyser ces interactions.

Chapitre 4
Les recommandations

Qu'un pays soit riche ou pauvre, que sa population soit satisfaite ou non, la décentralisation de la gestion des ressources naturelles a sa raison d'être. Cette remarque n'est pas un dogme, ce n'est qu'une observation de ce qui fonctionne. L'expérience enseigne que, plus souvent qu'autrement, gérer localement donne des résultats qui ne sont pas seulement économiquement efficients mais aussi socialement équitables et respectueux de l'environnement.

Pourtant, nous avons encore beaucoup à apprendre sur la planification et la juste portée à donner à la gestion locale de l'eau. Jusqu'à présent, la majorité des approches de la gestion locale des ressources ont été appliquées non pas à l'eau mais à la faune et aux forêts ainsi qu'aux pêches et aux grands pâturages libres, quoique dans une moindre mesure. Les essais ont moins souvent porté sur la gestion locale de l'eau, proprement organisée (telle qu'on l'a décrite dans les pages qui précèdent), de sorte qu'elle est moins connue des collectivités et des gouvernements.

Qui plus est, les études effectuées ont traité principalement des solutions les plus simples, à petite échelle : elles se sont penchées sur les régions rurales isolées et sur la gestion des eaux de surface. Leurs résultats sont encourageants. Les systèmes qui prévoient la participation des utilisateurs locaux (pour ne citer qu'une approche parmi les plus importantes) favorisent davantage la gestion durable que les projets entièrement dirigés par les instances supérieures. Mais, aujourd'hui, la moitié de la population mondiale vit dans des villes. C'est donc dans les régions urbaines, et dans la gestion des eaux souterraines, que se trouvent les plus grandes possibilités d'amélioration à explorer. Il faut se demander s'il est possible d'améliorer la situation critique qui règne dans les villes, en ce qui a trait à la pénurie et à la qualité de l'eau, en déléguant au moins certains aspects de la gestion de l'eau à des groupes ou à des quartiers des zones urbaines.

Le grand défi consiste, bien sûr, à déceler et comprendre les incompatibilités qui peuvent exister entre l'efficience, l'équité et la durabilité de l'environnement — et à faire en sorte que tout système de gestion tienne compte de ces trois valeurs. Et en cela, décideurs et chercheurs doivent faire oeuvre commune. Voilà à quoi prétendent les recommandations qui suivent : constituer des propositions précises susceptibles d'être transposées en actions dans la gouvernance et dans la recherche.

1. En haut, en bas et de côté : la gestion locale de l'eau doit toujours reposer sur une analyse économique des trois dimensions.
La rareté des ressources, et celle de l'eau en particulier, a des répercussions économiques sur la collectivité que ni la recherche appliquée ni la gouvernance ne sauraient ignorer. La perspective classique pour l'analyse des coûts et avantages — de haut en

bas — examine le prix payé (ou supposé) pour déterminer la valeur relative des intrants et des extrants. Les résultats peuvent être révélateurs. On a constaté, par exemple, que le captage de l'eau est plus économique lorsque la pluviosité se situe entre 100 et 500 millimètres par année. Si elle est supérieure, les coûts excèdent les avantages; si elle est moindre, les avantages ne couvrent pas les frais.

Le deuxième point de vue nécessaire pour l'analyse économique consiste à considérer les choses de bas en haut. Ce qui semble une amélioration pour les fonctionnaires du gouvernement ou les chercheurs est peut-être moins avantageux aux yeux des membres de la collectivité. De même, des terrains définis comme « inutilisables » selon les normes de comptabilité publique peuvent être jugés valables pour la cueillette et le pâturage par les collectivités locales. En outre, les changements économiques n'ont pas le même effet sur tous les membres d'une collectivité. Certaines interventions auront sans doute des incidences différentes sur les hommes et les femmes, dans la mesure où la nature et la valeur de leur travail sont touchés. Ces aspects des moyens de subsistance des populations locales, notamment, échappent souvent aux fonctionnaires — et aux chercheurs.

La troisième optique — tout aussi importante — concerne les interactions latérales des interventions économiques et des valeurs non économiques. Ces dernières peuvent comprendre autant la santé maternelle qu'un meilleur accès à l'eau douce ou la plus grande marge de manoeuvre associée au renforcement des responsabilités et capacités locales, ou encore la remise en état de l'environnement. Il peut s'agir également de valeurs purement esthétiques : la beauté d'un ruisseau, l'apaisement que procure la vue de l'eau claire d'un lac. Ce sont là des variables difficiles à quantifier. Elles n'en sont pas moins cruciales pour autant. Toute analyse économique de la gestion locale de l'eau qui se veut exhaustive doit en tenir compte.

2. Les politiques et la recherche ne devraient plus viser à accroître les réserves d'eau mais à gérer la demande.

Ceci est peut-être la seule déclaration irréfutable de ce livre : les politiques de l'eau à tous les niveaux — national, régional, local — ne doivent plus porter sur l'approvisionnement mais sur la demande. La quantité d'eau douce qu'on peut effectivement ajouter aux réserves totales est limitée; elle coûtera de plus en plus cher; et, du point de vue de la protection de l'environnement, le captage de l'eau sera de plus en plus dangereux. Dans la majorité des pays, comme dans la plupart des collectivités, les rendements maximaux du captage des réserves d'eau douce accessibles ont atteint leurs limites — quand ils ne les ont pas déjà dépassées.

Ce qu'il faut, par conséquent, c'est tirer le meilleur parti de l'eau dont nous disposons. C'est là qu'entre en jeu la gestion de la demande. Les paliers supérieurs de gouvernement peuvent encourager et financer une meilleure gestion des besoins en eau, en récompensant la conservation, en imposant des sanctions pour le gaspillage et en incitant à l'innovation. Mais la tâche de faire avec ce qu'on a incombe aux ménages, aux agriculteurs, aux usines et aux collectivités, à titre individuel et collectif. Plus encore, la tâche n'est pas que technologique. Dans la plupart des cas, ce sont les économies locales et les structures des ménages qui déterminent le changement comme c'est le cas quand on abandonne les cultures irriguées ou les plantations exigeant de grandes quantités d'eau.

Les décideurs et les chercheurs doivent travailler à tous les niveaux pour modifier les décisions et les structures qui déterminent les besoins en eau.

3. L'élaboration des politiques devrait toujours commencer par l'acceptation des coutumes et des normes culturelles comme la société les conçoit, mais ne pas les considérer sacro-saintes.

En définitive, il est beaucoup plus facile de procéder à des changements techniques que de modifier des habitudes et des croyances établies. Aussi, quand on entreprend de mettre en application des innovations en matière de gestion de l'eau, est-il toujours sage d'étudier d'abord attentivement ce qui est considéré acceptable, socialement et culturellement, par la collectivité locale, puis d'élaborer et de faire l'essai de solutions conformes aux traditions locales. Lorsque les pratiques locales de consommation de l'eau sont outrageusement abusives et manifestement inéquitables ou néfastes pour l'environnement (mais seulement à ce moment-là), il faut envisager des interventions plus énergiques afin de modifier les croyances et les valeurs.

La question des droits d'utilisation de l'eau pose des problèmes particuliers. Ces droits sont parfois documentés et officiellement protégés par la loi. Mais, souvent, ils découlent de traditions locales. Et pourtant, l'existence d'un droit relatif à l'eau ne dit rien, en soi, de qui obtient quoi, ni quand. Dans bien des cas, la définition des droits d'utilisation de l'eau est compliquée et leur mise en application, vétilleuse, prend souvent la forme de sanctions sociales, politiques ou juridiques; parfois aussi ils donnent lieu à des tricheries et même à la violence. Quoi qu'il en soit, la gestion des droits relatifs à l'eau devient un élément crucial de l'élaboration des politiques.

En règle générale, les coutumes et les normes locales (les tabous concernant la réutilisation des eaux usées, par exemple) devraient être vues davantage comme des opportunités que comme des limites. Elles témoignent des valeurs sous-jacentes, des habitudes de pensée et même des stratégies de survie consacrées qui peuvent façonner et consolider l'innovation. L'histoire trop fréquemment répétée de projets d'aménagement hydraulique qui ont échoué est plus souvent attribuable à une méconnaissance de la vie locale qu'à une pénurie d'eau ou un manque de technologie. Si les solutions proposées ne se fondent pas sur les approches traditionnelles locales, ce serait-ce que pour s'améliorer, elles risquent d'être rejetées.

Cela ne veut pas dire que les populations locales aient toujours raison; il est tout aussi inadmissible de donner aux traditions une tournure romanesque que d'exalter la science. Mais les pratiques locales procèdent toujours d'une certaine rationalité et c'est cette rationalité qu'il faut comprendre. Qui plus est, le savoir local et les pratiques traditionnelles ne sont pas statiques; sans doute ne changent-ils pas très rapidement, mais ils ne changent pas non plus de façon aléatoire. Ils changent quand, et seulement quand, les gens estiment que le changement en vaut la peine.

4. Attention aux généralisations, mais veillez à la prompte diffusion de l'information.

Il est toujours difficile de partir de cas particuliers pour en faire une théorie générale applicable au plus grand nombre, surtout lorsque la recherche porte explicitement sur des particularités et des réalités locales. Les décideurs comme les chercheurs ne devraient généraliser qu'avec prudence — et humilité.

Du point de vue scientifique, il n'y a jamais assez d'information; sur le plan politique, il y a toujours l'obligation d'agir. Aussi les chercheurs et les décideurs doivent-ils constamment, chacun dans leur sphère, tenter de distinguer entre les résultats qui peuvent être appliqués au-delà des frontières géographiques et culturelles et ceux qui ne concernent que des milieux déterminés. Dans la plupart des cas, ces distinctions nécessaires ont davantage trait à des questions de culture et de gouvernance qu'aux sciences et aux technologies.

À tout le moins, les expériences en matière de recherche et d'adaptation doivent être partagées. Normalement, ce sont les processus de la recherche scientifique et de l'innovation, plutôt que les produits, qui sont le plus rapidement et le plus généralement mis en application dans d'autres collectivités ou pays. Même les échecs, s'ils sont systématiquement compris, peuvent fournir une information valable aux décideurs et aux chercheurs, d'où qu'ils soient. La diffusion de connaissances bien fondées est un facteur indispensable au progrès du développement durable.

La diffusion de l'information, ces temps-ci, est animée surtout par des réseaux d'ONG, d'organismes gouvernementaux et d'éducateurs, largement dispersés mais liés par l'Internet. Un programme d'éducation lancé par le CRDI en 1998, AQUAtox, est une démonstration éclatante et productive de ce potentiel. Dans le cadre d'AQUAtox, les élèves de plus de 90 écoles primaires et secondaires de 26 pays ont appris à se servir de tests simples pour évaluer la toxicité chimique et la pollution microbienne d'échantillons d'eau prélevés dans leur localité. Ce projet, pilote à ses débuts, a été repris par des ONG, des organismes gouvernementaux, des laboratoires et établissements d'enseignement mieux à même d'appliquer et de diffuser les résultats scientifiques et pédagogiques.

5. Une saine gouvernance et des recherches scientifiques de haut calibre exigent une évaluation transparente, participative et continue.

La nouveauté n'est pas toujours synonyme d'amélioration. Par exemple, la qualité de l'eau captée dans des « puits améliorés » n'est souvent que légèrement supérieure à celle de l'eau provenant de sources traditionnelles — et elle exige habituellement un changement coûteux ou risqué des techniques de gestion. C'est dire comme la surveillance est importante pour définir la nature et l'envergure des changements, évaluer si les résultats techniques répondent aux attentes, déterminer dans quelle mesure les nouvelles méthodes de gestion ont été adoptées. Et cela demande du temps, ne serait-ce que parce que les observations doivent se faire, bon an mal an, pendant la saison des pluies comme durant les saisons sèches.

Néanmoins, ce genre d'évaluation est trop souvent négligé. C'est une erreur dangereuse, ruineuse et antidémocratique. Dangereuse, parce qu'elle cause des dommages qui s'accumulent sans qu'on en soupçonne l'existence et, donc, sans qu'on puisse y remédier. Ruineuse, parce qu'elle permet de ne pas tenir un juste compte des coûts et avantages. Antidémocratique, parce que l'évaluation est un des pivots de la transparence et de l'obligation de rendre compte qui fondent la saine gouvernance.

Une évaluation effectuée en collaboration par les ONG locales, les établissements d'enseignement et divers groupes à l'extérieur du gouvernement aurait de très heureux effets sur la gestion locale de l'eau. (Une évaluation d'AQUAtox a confirmé, entre autres choses, que le projet réussissait mieux dans les écoles où la collectivité locale participait à des « journées portes ouvertes » et d'autres activités communautaires. D'autres recherches, dont a notamment fait état l'Institut international de recherche sur les politiques alimentaires, révèlent que les projets de gestion de l'eau auxquels participent des ONG ont donné de meilleurs résultats que les initiatives contrôlées exclusivement par n'importe quel ordre de gouvernement. Fait important à signaler : en règle générale, les ONG consacrent des années à leurs projets alors que les gouvernements visent plutôt les résultats à court terme. De même, les ONG cherchent habituellement à aider les membres les plus pauvres et les plus vulnérables de la collectivité tandis que les gouvernements comptent davantage sur les structures du pouvoir. La recherche financée par le CRDI en Inde et au Népal a exploré des forces dynamiques similaires : des « vérificateurs sociaux » du secteur non gouvernemental ont découvert des intérêts et des controverses qui, autrement, n'auraient jamais été connus, et ont servi de catalyseurs à un discours informé au sein des collectivités et entre elles. La surveillance et l'évaluation font partie intégrante de toute entreprise en matière de recherche appliquée et de gouvernance.

Chapitre 5

Les orientations futures

Avant de proposer de futures orientations pour les politiques et la recherche en matière de gestion de l'eau, nous devons à la vérité cette réserve : les gouvernements, ou les organismes du gouvernement, ne sont pas tous intéressés également à déléguer leur autorité à des collectivités locales ou à des ONG. Au contraire, plusieurs d'entre eux ont travaillé d'arrache-pied pour persuader les gens d'abandonner les sources d'eau locales et les méthodes traditionnelles — et donc, de renoncer à tout contrôle. Nombre de gouvernements « chevronnés » croient encore, ou agissent comme s'ils croyaient, qu'eux seuls sont habilités à décider des politiques et que les membres des collectivités sont incapables de gérer localement l'approvisionnement et les besoins en eau. L'autre tendance (tout aussi insidieuse) consiste à transférer les obligations aux autorités locales sans leur accorder les moyens de les assumer. Ces attitudes constituent de très sérieux obstacles à l'amélioration de la gestion de l'eau, et elles n'ont pas leur raison d'être.

Les mérites de l'argumentaire de la gestion locale parlent d'eux-mêmes, comme en témoignent les recherches menées aux quatre coins du monde en développement. Les approches qui favorisent véritablement la participation des utilisateurs locaux à la gestion de l'eau sont généralement plus efficientes, plus efficaces et plus équitables — et plus respectueuses de l'environnement. Et parce que la gestion locale suscite la participation locale et aide à renforcer les institutions locales, ces mêmes approches contribuent à la gestion durable de bassins hydrographiques complets.

Mais il ne s'agit pas simplement de choisir entre deux ordres de gouvernement. Il y a un autre défi à relever. Il est acquis désormais de reconnaître le bien-fondé de la planification à l'échelle des bassins hydrographiques, non pas définis par des frontières politiques mais comme des unités hydrologiques. Comment, donc, les décideurs devraient-ils confronter les irrésistibles avantages de la gestion des bassins à l'existence bien réelle des frontières politiques — des lignes délimitées en droit entre des pays et des collectivités et de par la tradition entre des tribus et des clans ? Et comment les processus de prise de décisions devraient-ils tenir compte du fait que les politiciens doivent d'abord répondre devant leurs propres collectivités des décisions de gestion qu'ils prennent ?

En principe, les réponses à ces questions sont on ne peut plus simples. Une bonne politique sur les ressources en eau consiste à planifier à l'échelle du bassin et à gérer localement. Mais c'est un argument à double tranchant. La planification des bassins hydrographiques doit rigoureusement tenir compte des intérêts locaux, des possibilités que présentent les situations locales et de la connaissance des ressources locales. Quant à l'approvisionnement et aux besoins locaux, ils sont nécessairement assujettis aux limites biophysiques et socioéconomiques du bassin hydrographique dans son ensemble. Au bout du compte, élaborer une politique valable consiste à prévoir la mise en œuvre locale de manière à rassembler les collectivités et à assurer une intégration cohérente de la gestion des bassins.

Simples en principe, certes. Mais difficiles en pratique. Dans une large mesure, c'est la résolution de ces difficultés qui définira les orientations futures de la recherche et de la gestion locale des ressources en eau.

Pour commencer, les recherches —les travaux et leurs résultats — doivent être présentées en un langage beaucoup plus clair, intelligible aux décideurs et aux collectivités. Lorsque les recherches peuvent être axées sur des besoins déjà définis (par exemple, l'approvisionnement des villes à forte densité démographique où l'eau se fait rare), les décideurs ne manquent pas d'en examiner avidement les résultats pour pouvoir les mettre en application le plus rapidement possible. De même, les modèles ésotériques de l'hydrogéologie doivent être convertis en des outils fonctionnels d'aménagement urbain et de développement rural.

Vient ensuite la question de la diffusion — le moyen le plus rapide d'acheminer l'information utile de village en village, d'un quartier à l'autre, pour qu'elle soit remise entre les mains des personnes qui en ont besoin. Souvent, les organisations des villages et des quartiers eux-mêmes, et les réseaux d'ONG, réussissent mieux à diffuser l'information que de lourds programmes centralisés. Voici une importante orientation, toute nouvelle, pour la dynamique de la gouvernance dans le monde : des réseaux de recherche, des délibérations et des actions, organisés et concrétisés dans des partenariats évolutifs entre gouvernements, ONG, chercheurs, gens d'affaires et quantité d'autres intervenants aux intérêts divers et qui partagent les mêmes objectifs.

Améliorer la gestion locale de l'eau et imbriquer des approches locales au sein de stratégies plus vastes sur les bassins hydrographiques exigera qu'on accorde une attention plus vive et plus soutenue aux problèmes de la tarification. Ici, les enjeux sont d'ordre autant conceptuel que politique. Certaines des questions conceptuelles les plus ardues tiennent à cette réalité embarrassante : l'eau est à la fois un bien collectif (qui a une valeur économique) et une nécessité de la vie à laquelle tous ont le droit reconnu d'avoir accès (voir l'encadré 6). L'eau devrait être tarifée pour tenir compte de ce coût réel, mais elle devrait aussi être abordable, accessible, en quantité et de qualité suffisantes pour tous les êtres humains. En outre, une grande partie de l'eau disponible doit rester là où elle est pour être réservée à des usages pour lesquels il est difficile de fixer un prix précis (la pêche et le transport, par exemple). Par ailleurs, il est d'autres utilisations franchement impossibles à monnayer : la durabilité de l'écosystème et le simple plaisir de sa présence, par exemple. Partout, l'eau est une ressource à vocations multiples, ce qui est certes un bienfait mais aussi une déconcertante complication.

Les questions d'ordre politique entourant la tarification de l'eau, dont certaines ont été abordées dans les chapitres précédents, ne sont jamais bien loin des problèmes pratiques de la gestion. En l'occurrence, les compromis entre les intérêts divergents et les objectifs différents sont teintés par divers facteurs : classes, castes, sexospécificité, inégalité de pouvoir. Dans toute société, la question de la répartition des droits d'occupation des terres, de propriété et d'accès est une manifestation classique des relations politiques.

La gestion locale n'est pas davantage à l'abri des effets pernicieux de l'exercice du pouvoir ; parfois, la politique agit plus impitoyablement dans les petites collectivités qu'au milieu du chaos des décisions nationales prises pour déterminer la prépondérance des intérêts en jeu. Ainsi, l'étude financée par le CRDI sur les aspects socioéconomiques de *Working for Water*, programme mis sur pied

> ### 6. Les principes directeurs de la Déclaration de Dublin
>
> En 1992, des experts de 100 pays et des représentants de nombreuses organisations intergouvernementales et ONG se sont réunis à Dublin à l'occasion de la Conférence internationale sur l'eau et l'environnement. Cette dernière préparait la voie à la Conférence des Nations Unies sur l'environnement et le développement qui allait se dérouler, au cours de la même année, à Rio de Janeiro. La Déclaration de Dublin, adoptée à l'issue de la séance de clôture, fait toujours autorité dans les programmes d'élaboration des politiques sur l'eau. Les quatre « principes directeurs » du rapport de la Conférence sont repris ci-après de même que des extraits des commentaires qui y sont adjoints.
>
> 1. **L'eau douce — ressource fragile et non renouvelable — est indispensable à la vie, au développement et à l'environnement.** La bonne gestion des ressources exige une approche globale qui concilie développement socioéconomique et protection des écosystèmes naturels…
>
> 2. **La gestion et la mise en valeur des ressources en eau doivent associer usagers, planificateurs et décideurs à tous les échelons.** Les décisions seraient donc prises à l'échelon compétent le plus bas en accord avec l'opinion publique et en associant les usagers…
>
> 3. **Les femmes jouent un rôle essentiel dans l'approvisionnement, la gestion et la préservation de l'eau.** L'adoption et l'application de ce principe exigent que l'on s'intéresse aux besoins particuliers des femmes et qu'on leur donne les moyens et le pouvoir de participer, à tous les niveaux…
>
> 4. **L'eau, utilisée à de multiples fins, a une valeur économique et devrait donc être reconnue comme bien économique.** En vertu de ce principe, il est primordial de reconnaître le droit fondamental de l'homme à une eau salubre et une hygiène adéquate pour un prix abordable…

par l'Afrique du Sud, montre clairement que les conflits locaux sont particulièrement tenaces et qu'ils peuvent compromettre les efforts déployés pour assurer la conservation de l'eau. Une gestion de l'eau responsable — tout comme la saine gouvernance d'ailleurs — se définit autant par l'équité des procédures que par l'équité des résultats. La recherche et les politiques relatives à l'eau n'échappent pas à cette turbulence dans la convergence du politique et de l'économique.

Aucun débat sur cette question ne saurait être complet sans un regard sur le changement climatique mondial et ses dangers. À de rares exceptions près (la Chine, l'Inde et le Brésil entre autres), les pays en développement sont soumis aux changements climatiques; les mesures anticipatoires ne leur sont d'aucune utilité. Ils doivent réagir au réchauffement de la planète, de façon défensive en règle générale. Pour réussir, leurs réactions doivent être bien conçues, leur mise en oeuvre doit être bien exécutée et avoir des conséquences durables pendant des décennies. Les palliatifs sont insuffisants.

La triste vérité c'est que les pires effets prévus du changement climatique se feront surtout sentir dans les pays en développement où les perturbations atmosphériques (sécheresses, inondations, tempêtes) seront plus graves et sévirent plus longtemps. Les régions arides auront sans doute encore moins de pluie; les sols des régions humides retiendront encore mois d'humidité. Et dans les zones semi-arides, c'est la totale imprévisibilité des variations météorologiques, d'une année à l'autre, qui mettra en péril les vies et l'environnement.

Et pourtant, malgré ces très sérieuses et imminentes difficultés, tous les maux que peuvent entraîner les changements climatiques dans la plupart des pays ne sont rien à côté des dommages causés par une mauvaise gestion de l'eau. Voilà pourquoi il est si coûteux de négliger d'explorer et de mettre en pratique la gestion locale de l'eau — et pourquoi les occasions de gérer localement exigent analyse et action. Toutes les collectivités font face à la même obligation impérieuse : gérer les rares ressources en eau avec efficacité, équité et la ferme détermination de protéger l'environnement, source de toute vie.

Annexes

Sources et ressources

La documentation sur la nature et les répercussions des pénuries d'eau est abondante et se multiplie chaque jour. Nous ne présentons ici qu'un bref aperçu des sources et ressources susceptibles de contribuer à l'analyse et à l'amélioration de la gestion locale de l'eau.

La portée mondiale et les incidences locales de la rareté de l'eau sont exposées en un style fluide et limpide dans *L'eau* de Marq de Villiers (Leméac, 2000). *World Water Vision*, de William J. Cosgrove et Frank R. Rijsberman (Earthscan, 2000), présente une vue d'ensemble des plus intéressantes. L'ouvrage de Peter Gleick, *The World's Water: The Biennial Report on Freshwater Resources* (Island Press, 1998 and 2000), est une mise à jour particulièrement utile.

La savante étude de Thomas Homer-Dixon, *Environment, Scarcity, and Violence* (Princeton University Press, 1999), jette un regard nouveau sur les conflits modernes et la rareté des ressources. Les liens entre les pénuries d'eau et les conflits — et le phénomène plus répandu de la coopération née de ces pénuries d'eau — sont intelligemment résumés dans « Dehydrating Conflict », article de Sandra L. Postel et Aaron T. Wolf paru dans *Foreign Policy*, septembre-octobre 2001, p. 60-67. Deux livres des Éditions du CRDI, *Watershed: The Role of Fresh Water in the Israeli-Palestinian Conflict*, de Stephen B. Lonergan et David B. Brooks (CRDI, 1994) et *Management of Shared Groundwater Resources: The Israeli-Palestinian Case with an International Perspective*, sous la direction de Eran Feitelson et de Marwan Haddad (CRDI et Kluwer Academic Publishers, 2001), portent sur Israël et la Palestine où l'eau est souvent citée comme une source de conflits.

Des statistiques fiables font l'objet de *L'état de la population mondiale 2001* (Fonds des Nations Unies pour la population, 2001). Le chapitre 2, « L'environnement : tendances actuelles », en particulier, rejoint les propos du présent ouvrage [voir **www.unfpa.org/swp/2001/francais/ch02.html**].

On trouve sur le web de multiples analyses et sources d'information sérieuses (ainsi que des plaidoyers bien sentis). Voici l'adresse de quelques sites indispensables : celui de l'Institut international de gestion des ressources en eau (**www.cgiar.org/iwmi/french/fr_home.htm**) est convivial et renferme, outre des archives et les résultats de recherches récentes, des « outils et concepts » que les internautes non spécialisés dans ce domaine consulteront avec profit; la Commission mondiale des barrages présente à **www.dams.org/report/wcd_tour.htm** un tour d'horizon intéressant sur ce que peuvent accomplir les réseaux mondiaux pour l'élaboration des politiques (la version intégrale de son important rapport *Barrages et développement : Un nouveau cadre pour la prise de décisions* est disponible en anglais); le Conseil mondial de l'eau (dont le site, en anglais, se trouve à www.worldwatercouncil.org) contient une liste des principaux organismes et documents connexes; les sites de l'Institut international de recherche sur les politiques alimentaires (en anglais; www.ifpri.org) et de l'Institut des ressources mondiales (en anglais et en espagnol; www.wri.org) donnent accès à de nombreuses cartes et données récentes.

La version intégrale de la Déclaration de Dublin sur l'eau dans la perspective d'un développement durable, citée dans l'encadré 6, se trouve sur le site de l'Organisation météorologique mondiale (OMM) à **www.wmo.ch/web/homs/icwedecf.html**. L'OMM, l'Institut des ressources mondiales et le Conseil mondial de l'eau font partie des nombreuses organisations qui collaborent à l'analyse mondiale et aux discussions internationales sur les changements climatiques de la planète. Peter Gleick, directeur du Pacific Institute, a publié une précieuse étude sur le changement climatique [voir la version originale anglaise à **www.pacinst.org/overview.html**]. À lire, en anglais toujours, un bref examen de la question par E. Z. Stakhiv, « Policy Implications of Climate Change Impacts on Water Resources Management », dans *Water Policy*, vol. 1 (1998), p. 150-175.

Les questions extrêmement importantes que sont la culture, les coutumes et la religion sont abordées sans détour par les collaborateurs qui ont pris part à la rédaction de *Water Management in Islam* (United Nations University Press et CRDI, 2001), sous la direction de Naser I. Faruqui, Asit K. Biswas et Murad J. Bino (la version française de l'ouvrage, paru en anglais, sera disponible en 2002).

Anil Agarwal et Sunita Narain, dans *Dying Wisdom: Rise, Fall and Potential of India's Traditional Water Harvesting Systems* (Centre for Science and Environment, 1997), font une démonstration convaincante de la valeur durable (et de la perte coûteuse) du savoir traditionnel. *The Cooperative Management of Water Resources in South Asia*, publié sous la direction de Tony Beck,

Pablo Bose et Barrie Morrison (Institute for Asian Research, Université de la Colombie-Britannique, 1999) témoigne de l'intérêt croissant pour les diverses méthodes de gestion locale de l'eau. Des projets de recherche financés par le CRDI en Asie ont donné lieu à deux ouvrages sur ce sujet : *Rethinking the Mosaic: Investigations into Local Water Management* de Marcus Moench, Elisabeth Caspari et Ajaya Dixit (Nepal Water Conservation Foundation et ISET, 1999) ainsi que *The People and Resource Dynamics Project: The First Three Years*, publié sous la direction de Richard Allen et d'autres collaborateurs (Centre international de mise en valeur intégrée des montagnes 2000).

Les lecteurs trouveront à **www.idrc.ca/waterdemand/index_f.html** un compte rendu des travaux parrainés par le CRDI et dont il a été question dans cet ouvrage (qu'ils soient ou non spécifiquement cités). Pour obtenir de plus amples détails sur les projets financés par le Centre, rendez-vous sur le site du CRDI à **www.crdi.ca** ou directement à la bibliothèque du Centre à **www.idrc.ca/library/findex.html**; cliquez sur IDRIS, puis lancez une recherche par sujet (captage de l'eau de pluie, par exemple) ou par pays. Le système IDRIS présente un résumé des projets de même que des descripteurs qui inciteront les esprits curieux à prendre connaissance d'autres projets ou sujets connexes. On trouve aussi des renseignements encore plus détaillés, des résultats et enseignements tirés des recherches ainsi qu'un catalogue numéroté des projets sur l'eau dans *Local Water Supply and Management: A Compendium of 30 Years of IDRC-Funded Research*, de David B. Brooks, Sarah Wolfe et Tilly Shames (CRDI, 2001). Le présent rapport se fonde en grande partie sur les informations contenues dans ce recueil et peut être consulté sur le site **www.crdi.ca/eau**.

Bon nombre des sujets abordés ici, et d'autres, ont fait l'objet de publications du CRDI. Pour en savoir plus ou parcourir ces ouvrages en ligne, visitez le site des Éditions du CRDI à **www.crdi.ca/booktique**.

L'Éditeur

Le Centre de recherches pour le développement international est une société d'État créée par le Parlement du Canada, en 1970, pour aider les chercheurs et les collectivités du monde en développement à trouver des solutions viables à leurs problèmes sociaux, économiques et environnementaux. Le Centre appuie en particulier le renforcement des capacités de recherche indigènes susceptibles d'étayer les politiques et les technologies dont les pays en développement ont besoin pour édifier des sociétés plus saines, plus équitables et plus prospères.

Les Éditions du CRDI publient les résultats de travaux de recherche et d'études sur des questions mondiales et régionales intéressant le développement durable et équitable. Les Éditions du CRDI enrichissent les connaissances sur l'environnement et favorisent ainsi une plus grande compréhension et une plus grande équité dans le monde. Les publications du CRDI sont vendues au siège de l'organisation à Ottawa (Canada) et par des agents et des distributeurs en divers points du globe. Le catalogue des Éditions du CRDI contient la liste de tous les titres disponibles (voir **www.crdi.ca/booktique/index_f.cfm**).